TOUR DE FRANCE

1997 LE LIVRE OFFICIEL

Préface :
Jean-Marie Leblanc
Directeur du Tour de France

Texte :
Jacques Augendre

Photos : *Presse Sports*
Patrick Boutroux, Denys Clément,
Jean-Louis Fel, Michel Deschamps
et Christian Biville.
Avec le concours de Bruno Bade
et Ingrid Hoffmann

SOLAR

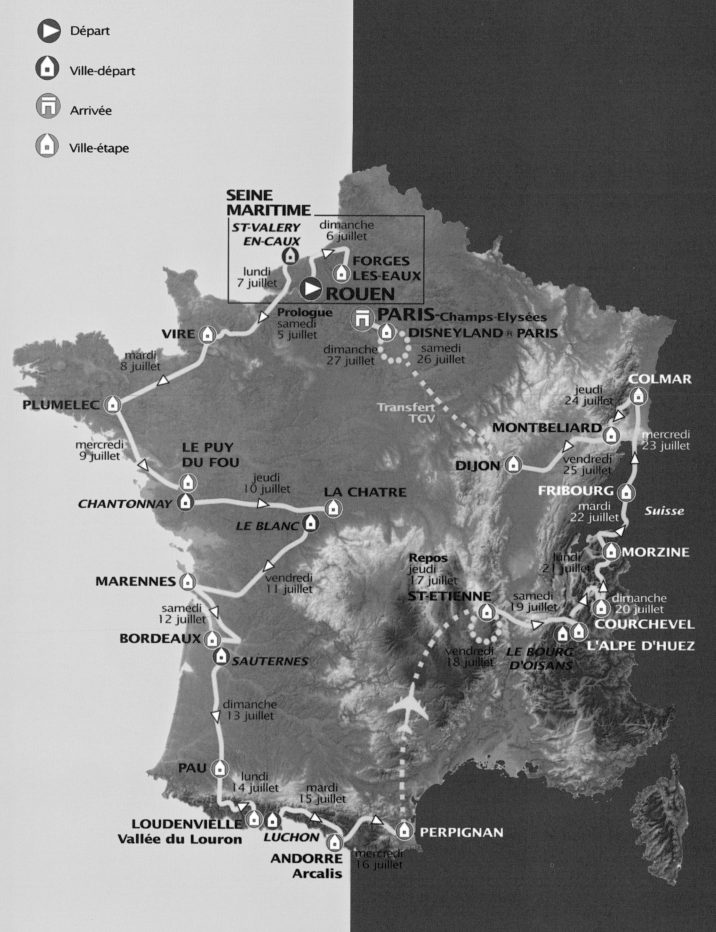

Départ
Ville-départ
Arrivée
Ville-étape

SEINE
MARITIME
ST-VALERY
EN-CAUX
dimanche
6 juillet
FORGES
LES-EAUX
lundi
7 juillet
ROUEN
Prologue
samedi
5 juillet
PARIS-Champs-Elysées
DISNEYLAND ® PARIS
dimanche   samedi
27 juillet   26 juillet
VIRE
mardi
8 juillet
Transfert
TGV
COLMAR
jeudi
24 juillet
MONTBELIARD
mercredi
23 juillet
PLUMELEC
mercredi
9 juillet
LE PUY
DU FOU
jeudi
10 juillet
LA CHATRE
DIJON
vendredi
25 juillet
FRIBOURG
mardi
22 juillet
Suisse
CHANTONNAY
LE BLANC
MORZINE
MARENNES
vendredi
11 juillet
Repos
jeudi
17 juillet
ST-ETIENNE
samedi
19 juillet
lundi
21 juillet
dimanche
20 juillet
COURCHEVEL
samedi
12 juillet
vendredi
18 juillet
LE BOURG
D'OISANS
L'ALPE D'HUEZ
BORDEAUX
SAUTERNES
dimanche
13 juillet
PAU
lundi
14 juillet
mardi
15 juillet
LOUDENVIELLE
Vallée du Louron
LUCHON
ANDORRE
Arcalis
mercredi
16 juillet
PERPIGNAN

2

INSTITUT GEOGRA
PHIQUE NATIONAL
IGN

SOMMAIRE

Au summum de la popularité

PAR JEAN-MARIE LEBLANC

Se peut-il qu'un Tour de France à venir se déroule et s'achève avec autant de grâce que celui de 1997, que les suiveurs et les analystes ont spontanément rangé parmi les « grands » ? Il faut l'espérer, tout en considérant comme exceptionnelle la concentration d'ingrédients et de facteurs favorables qui ont hissé une compétition sportive vers les sommets, quand ce n'est pas vers le sublime.

Tout commence bien sûr avec la personnalité de son vainqueur. Vous avez tous dans votre entourage, famille ou amis, un grand jeune homme de votre connaissance à l'aube de sa vie professionnelle. Ni grand, ni petit ; pas mince mais point trop athlétique non plus. Imaginez-lui une boucle à l'oreille, un brin de barbiche rousse et le sourire juvénile qu'on peut avoir à 23 ans quand les événements vous réussissent.

Tel est Jan Ullrich, vainqueur de son deuxième Tour de France – après avoir terminé deuxième de son premier l'an dernier. Il a la grâce, je le disais, des vainqueurs de son âge que nous avons déjà connus, de Jacques Anquetil à Laurent Fignon en passant par Felice Gimondi, Eddy Merckx et Bernard Hinault, dont les carrières ont ensuite pris de l'épaisseur. Il tient aussi de son origine est-allemande ce rien de réserve et de pudeur dans son comportement qui colle à son style, tout en souplesse et en sobriété. Une belle mécanique, derrière laquelle on sait le talent cycliste intrinsèque, mais aussi et surtout beaucoup de travail et d'application. Son entraîneur d'origine est du reste toujours à ses côtés. Et ce n'est pas la méthode, douce, intelligente, mais ferme, de son directeur sportif, Walter Godefroot, qui le fera demain sortir de ses repères fondamentaux. Encore qu'il va lui falloir à partir de maintenant ne pas se laisser tournebouler par la notoriété, les sollicitations et les marks qui vont affluer.

Et puis il y avait Richard Virenque. Sans doute au meilleur de sa forme et de son tempérament. Ardent et généreux. De la braise dans les yeux, de la vaillance dans les jambes, de la noblesse dans l'âme. Il a tout essayé. Il a rallié à son panache blanc à pois rouges des millions de Français. Il a sublimé autour de lui la magnifique équipe Festina, cornaquée avec inspiration par Bruno Roussel.

Le maillot jaune germain et son challenger latin nous ont offert, durant presque deux semaines – de l'entrée dans les Pyrénées à la sortie des Vosges –, un de ces duels classiques dont raffolent le public et les suiveurs du Tour : opposition de style et de personnalité, esprit chevaleresque. C'était un peu la version moderne du combat de Roland et Olivier dans *la Légende des siècles* de Victor Hugo : on se châtaigne à qui mieux mieux, comme dans la superbe étape de Courchevel – qui emballa la caravane, autant que les audiences à la télévision –, et puis on fait la paix des braves. Le sport confinait là à la chanson de geste.

Rien d'étonnant par conséquent à ce que – troisième élément de grâce de ce Tour – le public ait autant répondu à l'appel de ce spectacle éblouissant. En quantité, en enthousiasme, et en diversité : aux habituels supporters français, belges et néerlandais, qui calquent parfois leurs vacances sur l'itinéraire du Tour, s'étaient joints cette année de nombreux visiteurs danois et, bien sûr, allemands. Débordements colorés, sympathiques et pacifiques. Jamais le Tour ne m'a paru offrir autant de bonheur et, en retour, avoir été autant aimé. Pour un organisateur, c'est le summum de la récompense car nous n'avons d'autre objectif que celui-ci : renforcer et pérenniser les liens affectifs qui, venus du fond des générations, du fin fond de nos régions, unissent le Tour à son public.

Jean-Claude Killy, nos équipes et moi-même regardons souvent, avec cette candeur qui nous reste de notre propre adolescence, à la fois les exploits de nos champions et les instants de plaisir qu'ils procurent le long des routes. C'est tout simple et ça le restera, dans les conceptions et les priorités que nous avons du Tour. Il est vrai que les enchantements n'ont pas manqué, durant ce mois de

juillet, de la belle aventure de Cédric Vasseur – qui a prouvé une fois de plus que la notoriété se trouve parfois au détour du chemin, pour un homme avisé et entreprenant – aux deux magnifiques jaillissements de Marco Pantani à l'Alpe-d'Huez et à Morzine : celui-là doit revenir dans le Tour avec de l'ambition !

Et puis enfin, et contrairement à l'an passé, nous avons bénéficié de conditions de course optimales : pratiquement pas de pluie, ni canicule non plus (elle eût été meurtrière, sur un tel parcours) ne sont venues perturber la clarté de la compétition.

Si l'on ajoute l'implication joyeuse et active des villes et collectivités qui nous recevaient – quelle fête nous ont faite celles qui n'avaient jamais vu le Tour ! –, on comprend mieux, tous facteurs additionnés, pourquoi ce Tour de France 1997 fut si beau, sportivement et socialement.

Vivement le rendez-vous de Dublin l'an prochain, pour un nouvel épisode de ce bon vieux feuilleton sportif des temps modernes que la télévision a porté au maximum de sa popularité ! Gardons la tête froide, mais ayons le cœur chaud...

Le rêve allemand

PAR JACQUES AUGENDRE

Après le Tour d'expression danoise, voici le Tour d'expression allemande. Une première dans l'histoire du cyclisme.

Un jeune prodige vient de réaliser « l'impossible » exploit qui met fin à plus d'un demi-siècle d'attente, d'espoirs et de doutes. Jan Ullrich réussit où Stoepel – le pionnier (deuxième derriere Leducq en 1932) – Bautz, Oberbeck, Altig, Junkermann, Kunde, Wolfshohl, Thurau et Thaler avaient échoué.

Le rêve devient réalité et la réalité dépasse la fiction. C'est en effet d'une victoire totale qu'il s'agit, d'un triomphe hier inconcevable. Dans ce Tour du renouveau, non conformiste... et néanmoins conforme au véritable esprit de la compétition, les Allemands ont tout raflé ou presque. Ullrich – 23 ans – est aussi le meilleur jeune, cela va de soi, et Zabel a fait main basse sur le maillot vert de façon plus insolente que l'année passée, c'est dire... Quant à l'équipe Telekom, réputée pour sa puissance de frappe, elle n'a pas eu à souffrir, semble-t-il, d'un remaniement qui risquait de nuire à son harmonie. Elle a changé de leader par la force des choses ; cependant, elle n'a pas modifié fondamentalement ses méthodes et Bjarne Riis, en retrait par rapport à 1996, a joué le jeu, même si ce n'était pas de gaieté de cœur, en reconnaissant la supériorité de son cadet. Il est vrai qu'il n'avait guère le choix. La décision devait théoriquement intervenir dans les Alpes (des Alpes très dures, programmées en troisième semaine) et c'est au cœur des Pyrénées que Jan Ullrich a gagné le Tour. Il l'a gagné en l'espace d'un après-midi grâce à un exploit mémorable sur le pic d'Andorre-Arcalis ;

mais ensuite, il a su ne pas le perdre. S'il avait été merveilleux dans l'attaque, il fut remarquable en défense, remarquable dans la mesure où il surmonta les moments difficiles avec beaucoup de sérénité. Pour ces raisons, il a mérité le maillot jaune. Sa victoire mêle le panache et la prudence, le brio et la sobriété, et l'on perçoit dans ces amalgames l'influence bénéfique de Walter Godefroot, qui a créé autour de son jeune crack, encore un peu tendre en dépit des apparences, une atmosphère apaisante.

Cette victoire de la classe et de l'intelligence se trouve en outre valorisée par une opposition de qualité. Une double opposition née des convoitises des Festina et de Marco Pantani. A cet égard, Ullrich devait être confronté à une situation que n'avaient connue ni Miguel Indurain ni Riis. En leur temps, l'un et l'autre bénéficiaient d'un confort relatif face à des adversaires plus ou moins résignés. Inversement, Ullrich a dû se faire admettre contre une équipe Festina qui n'avait jamais été aussi bonne et un Pantani agressif en diable. Le Tour a changé de visage. Il nous a proposé un vrai combat, un match au sommet dont nous avait privés l'hégémonie Banesto-Indurain, depuis 1991, et Telekom-Riis, en 1996.

Les Festina, habilement dirigés par Bruno Roussel, se sont battus sans complexes. Ils ont refusé d'admettre la suprématie d'un concurrent présumé invulnérable et n'ont pas été tellement loin de gagner leur pari. Cette équipe entreprenante, imaginative, marchant au moral parce que ses coureurs marchaient au sens physique du mot, nous a restitué l'esprit de la course à l'ancienne. Quarante ans après la première victoire de Jacques Anquetil dont on a célébré le souvenir, elle nous a fait penser, toutes proportions gardées, à la fameuse équipe de France du Tour 1957, aux Tricolores de Marcel Bidot qui préféraient la guerre de mouvement aux replis stratégiques. Ils s'appelaient Darrigade, Forestier, Privat,

Stablinski, Bauvin, Walkowiak, Bouvet, Bergaud, François Mahé (et Anquetil, bien sûr). On se doit de les citer tous, de même qu'on ne saurait oublier aucun de ceux qui épaulèrent Virenque : Brochard, Hervé, Moreau, Rous, Dufaux, Stephens, Laukka, Bortolami. Quatre Français, un Suisse, un Australien, un Finlandais et un Italien. Ils terminèrent au complet. Comme Telekom (et comme l'US Postal). Dans cette belle équipe de copains, à laquelle Bruno Roussel donne un ton si juste, il existe une osmose symptomatique entre Virenque et ses partenaires. Ils se complètent et se dynamisent mutuellement. Le grimpeur méridional n'a pas seulement accompli son meilleur Tour de France. Il en est devenu un vainqueur possible, après avoir été un brillant challenger. Le Grand Prix de la montagne et le podium ne sont plus ses objectifs suprêmes. Désormais, il visera plus haut, formant des projets qui n'ont rien de chimérique puisqu'il ne cesse de progresser. Reste à savoir ce que nous réserve Ullrich. Sa victoire du Tour de France préfigure-t-elle une longue carrière ? Menace-t-il le record détenu conjointement par Anquetil, Merckx, Hinault et Indurain, avec cinq victoires, et... celui de Poulidor, classé huit fois parmi les trois premiers ? Qui peut le savoir ? Pour mesurer les performances de l'Allemand et de ses suivants immédiats, Virenque, Pantani, Olano, Escartin, Casagrande ou... Riis, il faut tenir compte des conditions dans lesquelles s'est déroulé ce Tour extrêmement exigeant, qui nous a proposé un grand spectacle permanent et qui a fait de nombreuses victimes, de Boardman, le premier maillot jaune, à Cipollini, le second, en passant par Rominger, Zülle, Gotti, Berzin, Leblanc, Gianetti, Baldato, Bartoli et Lino. Le Tour 1997 aura été celui de la rigueur dans tous les domaines. Rigueur d'un parcours impitoyable jusqu'aux portes de Paris, rigueur d'une course intense, autant que nerveuse, rigueur des commissaires qui ont appliqué le règlement avec une

sévérité extrême, voire excessive. Jamais ils n'avaient sanctionné à ce point les irrégularités, n'hésitant pas à renvoyer chez lui le champion de Belgique Tom Steels, coupable d'un geste agressif en plein sprint. Ainsi que le précisait Jean-Marie Leblanc, ils ont parfois sacrifié l'esprit à la lettre. Mais la plupart de ces mesures doivent être replacées dans le contexte d'une épreuve qui se veut exemplaire.

Elle le fut sur bien des points. Le verdict du public ne ment pas, et c'est un long bain de foule qui a relié la Normandie aux Vosges. Pas de temps morts : le phénomène Ullrich, l'énorme popularité de Virenque, la belle aventure de Vasseur – lauréat du Prix Robert-Chapatte –, les morceaux de bravoure de Pantani, le superbe final d'Olano à Disneyland, la surprise Gaumont, la traversée de Paris, enfin, et le sprint magistral de Minali sur les Champs-Elysées ont entretenu un enthousiasme qui ne demandait qu'à s'épanouir. Le drame aussi fait partie de la course : ce Tour sans pitié aura prolongé le manque de réussite diabolique de Moncassin et la pénitence de Jalabert, qui eut recours aux échappées de diversion pour... échapper à l'anonymat. Moncassin et Jalabert : les deux meilleurs routiers français dans l'absolu.

Par sa signification sportive, son impact populaire et son originalité, l'édition 1997 de la « Grande Boucle » s'inscrit dans les millésimes exceptionnels. Elle marque une date et constitue un événement qui a connu un retentissement considérable en Allemagne, où la nouvelle star du vélo, le « Roi-Soleil », a été reçue en héros.

La presse d'outre-Rhin a d'ailleurs mis l'accent en priorité sur les conséquences économiques de cette victoire historique et sur ses effets politiques. Le rêve allemand enfin assouvi rehausse d'une certaine manière l'immense prestige du Tour, qui élargit encore son audience internationale en attendant le départ d'Irlande, l'an prochain.

Sodexho et son engagement dans le monde du sport

SODEXHO EST LE PARTENAIRE DE REFERENCE DES GRANDS ÉVÉNEMENTS SPORTIFS

Performance, esprit d'équipe, envie de gagner, convivialité... autant de valeurs sportives qui correspondent à l'esprit de SODEXHO. De plus, la volonté de renforcer le sentiment et la fierté d'appartenance de ses collaborateurs, d'inviter ses clients dans des conditions exceptionnelles et de démontrer son professionnalisme en restauration gastronomique explique les différents partenariats développés depuis plusieurs années par SODEXHO, comme ceux du Tour de France, de Wimbledon, des JO de Barcelone, d'Albertville, des Championnats du Monde d'Athlétisme de Stuttgart, du Royal Ascot ou de l'Open de golf de St. Andrew.

Sponsor ou prestataire de services, SODEXHO est le traiteur reconnu des grands événements sportifs. Un savoir-faire que les 142 000 collaborateurs de SODEXHO présents dans plus de 62 pays sont fiers de mettre au service de la performance.

SODEXHO MET AUSSI SON SAVOIR-FAIRE AU SERVICE DE PRESTATIONS D'EXCEPTION

SODEXHO met aussi son savoir-faire au service d'autres prestations d'exception : le Puy-du-Fou, le Lido, le Musée du Vatican, le Stade Olympique et l'Opéra de Sydney, le Théâtre National de Prague et les 12es Journées Mondiales de la Jeunesse (Paris).

Photos TempSport

LES COMPAGNONS DU TOUR DE FRANCE

1997

Jan Ullrich ➤ DEUTSCHE TELEKOM (PINARELLO)

*Le leader a changé, mais la force de frappe de la « kolossale »
équipe allemande demeure, avec un effectif qui lui permet
d'affirmer sa présence sur tous les terrains et dans tous les
compartiments de la course. Jan Ullrich-le-surdoué, deuxième en
1996, a pris le relais du Danois Bjarne Riis, vainqueur l'an
passé, tandis que Zabel, égal à lui-même, faisait une nouvelle
fois du maillot vert son objectif. Une formation de choc qui vaut
aussi par ses précieux équipiers, comme Bolts ou Totschnig.*

Richard Virenque ➤ FESTINA WATCHES (PEUGEOT)

*Festina a sans doute présenté au départ de Rouen sa meilleure
équipe. Une équipe homogène, bien articulée et fermement
décidée, non pas à subir les événements, mais à « faire la course »
pour porter vers les sommets son leader Richard Virenque.
Un chef de file en progrès constants, motivé, ambitieux et
remarquablement épaulé par des équipiers d'un dévouement
exemplaire, tels que Brochard, totalement retrouvé sur les routes
du Midi libre, Moreau, Rous, Hervé, en parfaite condition,
le Suisse Dufaux et le Finlandais Laukka. Sans oublier
l'Australien Neil Stephens, vainqueur à Colmar.*

Franck Vandenbroucke ➤ MAPEI-GB (COLNAGO)

*Conduite par le champion du monde Johan Museeuw, qui a
perdu l'habitude de jouer les routiers-sprinters, la formation
italo-belge se bat pour reprendre la place prépondérante qu'elle
occupait la saison dernière. Elle a rajeuni ses effectifs en
présentant dans le Tour trois coureurs de moins de 25 ans :
Fois, Nardello et Franck Vandenbroucke. Lequel reste un des
grands espoirs belges en dépit d'un comportement soumis aux
fluctuations. A souligner la confirmation de Camenzind sur la
lancée d'un excellent Tour de Suisse.*

Laurent Jalabert ➤ ONCE (LOOK)

*Décapité par l'abandon du Suisse Alex Zülle, qui eut le courage
et l'audace de prendre le départ du Tour de France malgré une
fracture de la clavicule – mais le miracle attendu ne s'est pas
produit –, le groupe espagnol éprouve des difficultés pour
retrouver ses marques. D'autant que Laurent Jalabert, en dépit
d'une bonne volonté évidente, ne parvient pas à recouvrer sa
brillante condition de 1995. Il demeure néanmoins le leader
potentiel de la Once... en espérant des jours meilleurs.*

Michele Bartoli ➤ MG-TECHNOGYM (FAUSTO COPPI)

L'abandon de Bartoli (vainqueur de Liège-Bastogne-Liège devant Laurent Jalabert) a lourdement hypothéqué le comportement de cette équipe également construite autour de son routier-sprinter Fabio Baldato. Les coureurs de MG-Technogym, au nombre desquels le jeune Tosatto, ont dû se battre avec les moyens du bord en saisissant toutes les occasions pour se lancer dans des attaques de diversion. C'est ainsi que Finco et Loda, notamment, ont réussi à se mettre en évidence.

Luc Leblanc ➤ POLTI (FAUSTO COPPI)

Cette équipe qui avait belle allure a été démembrée par l'abandon de Luc Leblanc. Victime d'une chute spectaculaire sur la fin du Tour d'Italie alors qu'il était bien placé au classement général, l'ancien champion de France et du monde semblait en mesure de réussir un bon Tour de France quand il fut retardé par une série de chutes, puis stoppé par une douleur à la jambe droite. Au sein d'une formation rajeunie, Outschakov, déclassé de la première place à Perpignan, a tiré son épingle du jeu.

Bobby Julich ➤ COFIDIS (FONDRIEST)

L'abandon de Tony Rominger dès le troisième jour a fait de ce nouveau groupe une équipe franco-américaine. Pour Cyrille Guimard, qui effectuait sa rentrée dans le Tour de France en qualité de directeur sportif, il s'agissait, en l'absence de Lance Armstrong, d'une formation expérimentale.

On insistera sur sa double originalité : ses deux piliers étaient deux coureurs des Etats-Unis (Julich, Andreu) et elle accueillait quatre « moins de 25 ans », dont Nicolas Jalabert.

Une mention à Desbiens qui a renoué avec la victoire.

Christophe Mengin ➤ LA FRANÇAISE DES JEUX (GITANE)

Pour son premier Tour de France au poste de directeur sportif, Marc Madiot avait constitué une équipe internationale italo-franco-suisse à laquelle Sciandri donnait un léger accent britannique. Gianetti en était le leader de principe et Nazon le benjamin. La présence de Stéphane Heulot, ex-champion de France qui porta le maillot jaune l'an passé, et de Frédéric Guesdon, le surprenant vainqueur de Paris-Roubaix, retenait l'attention. Mais Mengin allait signer le succès inaugural de la Française des jeux.

Alexandre Gontchenkov — ROSLOTTO-ZG (BIANCHI)

L'équipe italo-russe fut totalement démembrée à partir de la neuvième étape. La mise hors course de Gontchenkov lui porta le coup de grâce. C'était le leader en puissance du groupe qui possédait le coureur le plus jeune du Tour, le Russe Vitali Kokorine, âgé seulement de 20 ans (abandon : onzième étape). Roslotto n'a eu que très rarement les honneurs du communiqué. Elle compte, en revanche, parmi les formations les plus éprouvées du peloton.

Cédric Vasseur — GAN (EDDY MERCKX)

L'abandon, au cours de la treizième étape, de Chris Boardman, vainqueur du prologue, et l'élimination de Rué le lendemain ont fortement ébranlé la formation de Roger Legeay. Des déboires aggravés par le manque de réussite de Frédéric Moncassin, sans doute le meilleur routier français de la saison. Le Gan, en revanche, a connu l'euphorie avec la belle aventure de Cédric Vasseur. Le Nordiste, bien épaulé par ses équipiers, au nombre desquels le colosse italien Eros Poli, a réussi la longue échappée solitaire la plus payante du Tour.

Jeroen Blijlevens — TVM (GAZELLE)

La célèbre équipe néerlandaise qui accueille deux Danois (Hamburger, Skibby), un Belge (Van Petegem) et un Français (Laurent Roux) n'a pas été à la hauteur de ses productions précédentes, Hamburger, l'un de ses piliers, ayant abandonné avant Courchevel. Encore une fois, le personnage central de TVM aura été Jeroen Blijlevens, qui remporte régulièrement une étape dans le Tour et qui, cette année encore, n'a pas failli à sa tâche.

Francesco Casagrande — SAECO (CANNONDALE)

La formation Saeco avait pris un brillant départ avec Mario Cipollini, l'homme des débuts de Tour, qui s'empara du maillot jaune grâce à sa pointe de vitesse. Mais elle perdit simultanément son premier leader et Ivan Gotti, révélation du Tour 1995 et vainqueur du Giro 1997, sur qui reposaient tous les espoirs de l'équipe. Au fil des étapes, dans les Alpes principalement, Francesco Casagrande a repris le rôle que l'on destinait à Gotti, s'affirmant un rival direct d'Ullrich et de Virenque en haute montagne.

Peter Luttenberger ➤ RABOBANK (COLNAGO)

Construite autour de l'Autrichien Luttenberger, l'un des meilleurs éléments du Tour 1996, et du Danois Sörensen, vainqueur, cette année, du Tour des Flandres devant Moncassin, l'équipe des Pays-Bas n'a pas retrouvé son efficacité de l'année précédente. Sörensen s'est montré inférieur à sa réputation et Breukink, considéré naguère comme un vainqueur en puissance, a évolué en retrait. En définitive, c'est Boogerd, vainqueur d'étape l'an passé à Aix-les-Bains, qui a réalisé la meilleure performance d'ensemble derrière Luttenberger.

Alberto Elli ➤ CASINO (COLNAGO)

L'équipe des baroudeurs. Les hommes de Vincent Lavenu, superbement motivés et prompts à saisir les occasions favorables, se sont taillé une belle réputation d'attaquants sur les routes du Midi libre d'abord, puis sur celles du Tour de Suisse. L'Italien Alberto Elli et le Français Christophe Agnolutto, vainqueurs respectifs de ces deux épreuves, firent encore la preuve de leur condition et de leur combativité, Chanteur, Aus, Kasputis et Saligari évoluant eux aussi dans l'esprit qui anime ce groupe dynamique.

Nicola Minali ➤ BATIK (DE ROSA)

Encore une équipe décapitée. Elle a perdu ses illusions après une semaine de course avec l'élimination de son leader Evgeni Berzin, victime d'une chute irrémédiable (fracture de la clavicule). Amoindrie par plusieurs abandons, alors qu'elle était sculptée en fonction du Tour, elle a dû limiter ses ambitions aux modestes performances d'Odriozola ou de Tartaggia. Sa plus belle victoire fut acquise par une marge infime : 4 milimètres. C'est l'écart qui séparait Minali de Moncassin sur la ligne d'arrivée au Puy-du-Fou.

Abraham Olano ➤ BANESTO (PINARELLO)

La succession de Miguel Indurain est d'autant plus difficile à assurer que ce Tour de France n'a pas répondu aux espérances d'Abraham Olano. L'ancien champion du monde a certes réalisé une performance d'ensemble que beaucoup envieraient, et il a triomphé contre la montre à Disneyland mais il n'a jamais été en mesure d'inquiéter véritablement les favoris. En retrait dans les étapes de montagne, il a dû se contenter d'une place d'honneur, imité en cela par José Maria Jimenez.

Laurent Madouas ➤ LOTTO (VITUS)

Avec Abdoujaparov, Tchmil et Madouas en tête d'affiche, la formation de Jean-Luc Vandenbroucke possédait sur le papier des atouts maîtres. Mais la partie a tourné court. Pour la première fois, Abdoujaparov n'est pas parvenu à gagner son étape et il a quitté le Tour prématurément, à la suite d'un contrôle antidopage positif. De son côté, Tchmil a été éliminé dans les Alpes. Cependant, ce Tour d'une extrême difficulté a mis une fois de plus en évidence le courage et la persévérance de Laurent Madouas.

Fernando Escartin ➤ KELME (GIOS)

L'équipe Kelme n'a pas obtenu le succès qu'elle avait connu par le passé, mais elle a porté Fernando Escartin à une place d'honneur tout à fait méritée, le grimpeur espagnol ayant été le meilleur adversaire des grands leaders, Ullrich, Virenque et Pantani, en montagne. Cette performance lui fait prendre conscience, à 29 ans, de ses réelles possibilités.
Son directeur sportif Alvaro Pinro, un ancien vainqueur de la Vuelta, estime qu'il a pu s'exprimer dans un climat favorable au sein d'un groupe « où l'on se sent véritablement en famille ».

Marco Pantani ➤ MERCATONE UNO (WILIER-TRIESTINA)

Mercatone Uno, c'est d'abord Pantani. D'autant qu'il a réalisé son meilleur Tour de France, un Tour qui marque pour lui la sortie d'un long tunnel. Il s'est principalement exprimé dans les Alpes en améliorant son propre record de l'Alpe-d'Huez et il a directement provoqué le fléchissement de Riis.
Le numéro deux revient à Beat Zberg, présenté depuis plusieurs années comme l'espoir du cyclisme suisse et qui confirme cette année ses qualités de routier par étapes.

Viatcheslav Ekimov ➤ US POSTAL (TREK)

Une équipe américaine. Un leader russe : Ekimov. L'US Postal représente à sa manière un symbole des temps modernes et de la détente Est-Ouest. Elle illustre la mondialisation du cyclisme avec un effectif cosmopolite formé d'un Russe, de trois Américains, d'un Italien, d'un Polonais, d'un Danois et de deux Français, dont Jean-Cyril Robin qui s'est affirmé, au fil des étapes, l'élément le plus régulier du groupe.

Jean-Philippe Dojwa ➤ LA MUTUELLE DE SEINE ET MARNE (LOOK)

Les résultats encourageants qu'elle avait enregistrés au cours de la saison justifiaient la présence dans le Tour de cette équipe de deuxième division dont les mérites sont évidents, ainsi qu'en témoigne le comportement de Dojwa dans les Pyrénées.

La formation d'Yvon Sanquer, accablée par le sort, s'est effritée au fil des étapes. Elle a effectué un apprentissage difficile, mais nécessaire. Son avenir passait par cette expérience.

Pascal Lino ➤ BIG-MAT AUBER 93 (PEUGEOT)

Huit Français et un Mexicain : Arroyo. Une autre équipe de deuxième division qui abordait le Tour animé d'ambitions raisonnables. Un sujet de satisfaction : le retour en forme de l'ex-maillot jaune Pascal Lino. Une désillusion : l'abandon du même Pascal Lino en raison d'une tendinite. Lance s'était distingué avant de renoncer et Bourguignon a confirmé une résistance qui lui a permis d'effectuer une bonne fin de course.

Rouen ▶ Rouen ·······················

Boardman chez Anquetil

Deuxième maillot jaune pour Boardman, déjà vainqueur à Lille en 1994. Le Britannique, qui s'est imposé à Rouen, dans le fief des grands rouleurs, a signé son septième succès contre la montre de l'année. Le plus beau.

Sous le règne de Jacques Anquetil, les prologues n'existaient pas. Ils auraient sans doute modifié la physionomie du Tour de France en offrant à M. Chrono-Maître la possibilité de porter à plusieurs reprises le maillot jaune de bout en bout. En 1961, le Tour partait également de Rouen et le Normand se serait fait un devoir de gagner une « spéciale » tracée sur 7,300 km au cœur de sa ville.

De nos jours, il aurait apprécié l'exploit – un de plus – de Chris Boardman, champion incontestable de la spécialité, remarquable pour sa ponctualité, sa maîtrise et sa constance. Les deux hommes ne se ressemblent pas. Leur morphologie et leur style différent, mais ils possèdent en commun une surpuissance valorisée par la souplesse, un « couple » élevé, particulier aux grosses cylindrées, et le sens inné de la course contre la montre, cet exercice subtil qui engage le mental autant que le physique.

Boardman détenait déjà le record de la moyenne horaire dans les prologues du Tour de France (55,152 km/h à Lille en 1994). Il vient cette fois se situer dans son propre sillage, puisque sa performance de Rouen, qui se traduit par une moyenne de 52,465 km/h, occupe désormais le deuxième rang sur les tablettes. On soulignera le tir groupé des ténors. Boardman, Ullrich, Berzin, Rominger et Zülle se tiennent en 5 secondes, le jeune Allemand, révélation du Tour 1996, n'ayant concédé que 2 secondes au Britannique, et l'on insistera sur les mérites du Suisse Zülle, handicapé par une récente fracture de la clavicule. Le résultat qu'il a obtenu dès les préliminaires paraît inespéré. La bonne surprise s'ap-

Bjarne Riis (petite photo) est passé du statut de challenger d'Indurain à celui de favori. Il découvre le privilège de partir en dernier, mais aussi le stress inédit d'être le nouvel homme à battre.

Le style de Chris Boardman, le vrai spécialiste des prologues, évoque celui de ces hommes-obus qui se produisaient jadis dans les spectacles forains.

Classement prologue

ROUEN 7,3 KM	
1. Boardman C. (GAN)	8' 20"
2. Ullrich J. (TEL)	à 2"
3. Berzin E. (BAT)	à 5"
4. Rominger T. (COF)	à 5"
5. Zülle A. (ONC)	à 5"
6. Meinert-Nielsen P. (USP)	à 7"
7. Sörensen R. (RAB)	à 10"
8. Olano A. (BAN)	à 10"
9. Brochard L. (FES)	à 11"
10. Moreau C. (FES)	à 12"

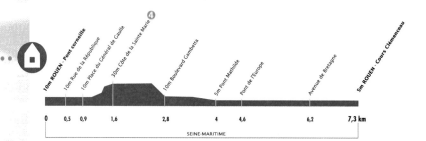

Après Pedro Delgado et Miguel Indurain, Abraham Olano devait assurer le « relais » du maillot jaune. Mais ce Tour allait aussi lui permettre d'affirmer une

personnalité encore encombrée du souvenir de ses aînés. Abraham Olano et Laurent Jalabert étaient admis du bout des lèvres dans le cercle des favoris, et placés devant leur responsabilité

pelle Peter Meinert-Nielsen, un Danois de 31 ans classé sixiè-me à 7 secondes de Boardman, juste devant son compatrio-te Rolf Sörensen. Quant à Bjarne Riis, il a pris la treizième place, à 13 secondes de son équipier Jan Ullrich, derrière Olano, Brochard, principale satisfaction française du prologue, Moreau, Peron et Garmendia. Il faut toujours interpréter avec prudence les enseignements de ces premières confrontations. Ici, on parle en secondes, alors que les étapes de montagne se jouent sur des minutes. Les 7 kilomètres de Rouen ont néanmoins confirmé les limites, dans une telle discipline, de Luc Leblanc, relégué à 35 secondes, et surtout de Richard Virenque, qui a perdu 44 secondes, soit plus de 6 secondes par kilomètre. Ils ont été nettement devancés, l'un et l'autre, par Elli, le vainqueur imprévu du Midi libre, par Agnolutto, le lauréat encore plus surprenant du Tour de Suisse... Et aussi par Laurent Jalabert.

18

La légende est toujours en état de marche ! Au volant de la voiture de l'équipe de France, l'inamovible William Odin, chauffeur de Marcel Bidot, le directeur technique en 1957. De gauche à droite, on reconnaît des « nationaux » de l'époque : Darrigade, Bouvet, Mahé, Bauvin, Stablinski, Bergaud et Walkowiak.

La gloire posthume de Maître Jacques

L'histoire du sport cycliste passe par Rouen. La ville aux cent clochers avait accueilli la première épreuve de vélocipèdes il y a près de cent trente ans, avant d'ouvrir ses portes au Tour de France et d'y lancer Jacques Anquetil, l'enfant du pays qui, par une singulière coïncidence, s'identifia immédiatement aux héros de Corneille. Ses coups d'essai, que ce soit dans le Grand Prix des Nations en 1953 ou dans le Tour quatre ans plus tard, ne furent-ils pas des coups de maître ?

Ainsi, Rouen nous a donné le champion le plus doué et le moins conformiste des temps modernes. Un personnage d'exception à propos duquel on pouvait évoquer Flaubert, pour la pureté du style, et Maupassant, pour l'indépendance d'esprit. « Le vélo, disait-il, m'a procuré le moyen d'être libre de mes mouvements. » Toute sa philosophie était contenue dans ce paradoxe. Le refus systématique des contraintes l'entraînait hors des sentiers battus en l'exposant au risque de s'égarer. Pourtant, il atteignit la plupart de ses objectifs sans renier ses convictions ni trahir son caractère. Cet homme avide de liberté confronté aux exigences d'un métier impitoyable, ce coureur fonctionnel, selon la définition d'Antoine Blondin, a su mieux que quiconque adapter l'art de vivre à l'art de pédaler auquel s'ajoutait la volonté de « pédaler utile ». En ce sens, l'élève d'André Boucher aura été un novateur. Il a tracé la voie à Eddy Merckx, puis à Bernard Hinault et il a inspiré Miguel Indurain, qui utilisa sa méthode pour remporter cinq Tours de France consécutifs en sacrifiant l'accessoire à l'essentiel.

« Meurs et deviens », proclamait Goethe. Quarante ans après sa victoire inaugurale dans la course au maillot jaune et dix ans après sa disparition, Anquetil reste vivant parce qu'il incarne un cyclisme original ; mieux, un cyclisme d'anticipation. Les coureurs de la nouvelle génération parlent de lui au présent. « C'est un champion de référence », a déclaré Anthony Morin, benjamin français du peloton, dans le message qu'il adressa au public lors de la cérémonie protocolaire de présentation des équipes.

En 1957, le rouleur normand, fraîchement incorporé à l'équipe de France par Marcel Bidot, remportait à Rouen sa première étape. Au sprint, sur le quai d'Elbeuf, près du pont Corneille sous lequel beaucoup d'eau a coulé...

Le quai d'Elbeuf s'appelle désormais quai Jacques-Anquetil. Inauguré trois jours avant le départ, il a servi de rampe de lancement au quatre-vingt-quatrième Tour de France. Plus qu'un symbole.

Rouen ▶ Forges-les-Eaux

La loi du plus rapide

Cipollini le sprinter s'est spécialisé dans les victoires d'étapes. Il en a gagné vingt et une sur les routes du Giro, dont cinq cette année, et il a débuté dans le Tour par un succès assorti du maillot jaune, le deuxième de sa carrière.

L'apollinien Mario Cipollini voudrait nous faire croire que le cyclisme est un sport aussi simple et limpide que ses sprints insolents qui le projettent loin devant les autres.

Cette année il espérait terminer à Paris mais il a été éliminé par une chute.

Avec ses larges espaces verts et ses lointains dont les teintes sont aussi douces que les formes, la Normandie est semée de pièges dans lesquels tombèrent des coureurs aussi prestigieux que Charly Gaul, Federico Bahamontes, Fred De Bruyne ou Greg LeMond.

« C'est à Lisieux que j'ai perdu, à cause d'une crevaison, la minute qui m'a manqué pour gagner le Tour 1964 », rappelle souvent Raymond Poulidor.

Et c'est à Forges-les-Eaux que son compatriote Luc Leblanc, décidément malchanceux, a connu la première désillusion du Tour 1997. L'ancien champion du monde figure sur la liste des victimes de cette étape marquée par une chute massive qui désintégra le peloton à 11 kilomètres du but et provoqua l'abandon de Gilles Talmant.

Rejeté à l'arrière en compagnie de Zülle, Brochard, Jaskula, Agnolutto, Bartoli, Hervé et Gaumont, il a perdu d'entrée 1'35", tandis que Riis, Gotti, Berzin, Dufaux, Tchmil, Ekimov, Heulot, Laurent Roux, Elli et Escartin, prisonniers d'un deuxième groupe, limitaient leur retard à 58 secondes. Au moment de l'accident, le gros des forces, propulsé à vive allure, s'apprêtait à rejoindre Knaven, Kasputis et Colombo, qui avaient occupé le commandement pendant près de 90 kilomètres (avance maximale de 5'20" à Blangy-sur-Bresle, au kilomètre 125).

Les Saeco roulaient pour Cipollini, les Mapei pour Steels et les Gan pour Moncassin.

Classement 1re étape

ROUEN - FORGES-LES-EAUX 192 KM		Classement général		Classement par points	
1. Cipollini M. (SAE)	4 h 39'59"	1. Cipollini M. (SAE)	4 h 48'9"	Cipollini M. (SAE)	43 pts
2. Steels T. (MAP)	à 0"	2. Boardman C. (GAN)	à 10"		
3. Moncassin F. (GAN)	à 0"	3. Ullrich J. (TEL)	à 12"	Classement par équipes	
4. Zabel E. (TEL)	à 0"	4. Rominger T. (COF)	à 15"	Telekom	14 h 25'33"
5. McEwen R. (RAB)	à 0"	5. Olano A. (BAN)	à 20"		
6. Jalabert N. (COF)	à 0"	6. Steels T. (MAP)	à 24"	Meilleur grimpeur	
7. Fraser G. (MUT)	à 0"	7. Knaven S. (TVM)	à 25"		
8. Minali N. (BAT)	à 0"	8. Dekker E. (RAB)	à 27"	Kasputis A. (CSO)	10 pts
9. Simon F. (GAN)	à 0"	9. Camenzind O. (MAP)	à 27"		
10. Traversoni M. (MER)	à 0"	10. Vandenbroucke F. (MAP)	à 28"		

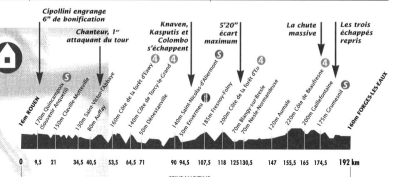

Chaque année, le Tour de France jette cruellement à terre nos héros, du plus modeste au plus grand, d'Alex Zülle à Gilles Talmant, gisant ici sur la route, clavicule et espoirs brisés.

Image d'Épinal du peloton traversant un paysage de notre douce France. Parfois, la légende coule comme une rivière tranquille. Quand le mythe somnole...

Mais, une fois de plus, le frustré de Paris-Roubaix et du Championnat de France allait passer à côté du jackpot... Sans trop de regrets. « L'arrivée en faux plat ne m'avantageait pas, expliqua-t-il, et, de toute façon, Cipollini était le plus fort. Je suis revenu à la hauteur de son pédalier. C'est tout ce que j'ai pu faire. »

Dès le premier jour, le Tour nous a donc restitué le beau Mario dans toute sa splendeur, véritable bête de sprint qui nous étonnera toujours, même s'il demeure conforme à son image, avec ses 192 centimètres, sa silhouette de play-boy et sa gueule à tourner dans les westerns spaghetti. Le drapeau étoilé lui servant de cuissard accentue le côté italo-américain qui fait partie de son charme et, peu à peu, il s'installe dans la galerie des grands personnages du Tour.

Jamais sans doute il n'avait abordé l'épreuve française dans une forme aussi rayonnante. C'est que ce fantaisiste habitué à fréquenter les night-clubs a suivi exceptionnellement une préparation de père de famille. Sa fille Lucrezia vient d'avoir un mois. « Elle est encore trop petite pour comprendre l'importance de mon exploit », dit-il en riant. Il a aussi de l'humour.

Saint-Valery-en-Caux ▶ Vire

Cipollini, bis

Deuxième étape, deuxième victoire de Mario Cipollini, qui cumule le maillot jaune et le maillot vert. L'Italien a battu 185 coureurs au sprint à Vire.

Un final panoramique. Construite – ou plutôt reconstruite – en amphithéâtre, puisqu'elle fut totalement détruite pendant la guerre, la ville de Vire se prêtait à une arrivée spectaculaire dans un cadre d'une ampleur inhabituelle au cœur du Bocage normand. Elle a tenu ses promesses, ajoutant à la beauté d'un sprint massif la subtilité d'un sprint technique. Il n'est pas étonnant que Mario Cipollini ait renouvelé sa victoire du jour précédent. L'Italien a démontré qu'il pouvait s'adapter à de nombreux cas de figure. Sa vélocité et sa puissance n'expliquent pas tout. Il possède l'intuition, le coup d'œil et la virtuosité du sprinter d'instinct. Aux 500 mètres, il occupait la vingtième position, derrière le rideau des Telekom, et ses chances paraissaient compromises. Mais pour un Cipollini, il y a toujours de l'espoir. Il trouva l'ouverture en une fraction de seconde et déborda irrésistiblement Zabel, tandis que Moncassin se contentait de la quatrième place dans le sillage de Blijlevens. Deuxième Français, Lamour se classait septième et sa performance méritait d'être soulignée.

Le leader du groupe Saeco fait désormais partie du cercle restreint des routiers-sprinters qui réussirent à remporter deux étapes consécutives dans le Tour de France. Le dernier en date

s'appelle Rudy Matthys. Il avait gagné dans la foulée à Lanester et à Vitré en 1985. Douze ans déjà...

De Saint-Valery-en-Caux à Vire, du pays des coquillages à celui de l'andouille, cette deuxième étape – la plus longue du Tour avec ses 262 kilomètres – empruntait un itinéraire rugueux caractérisé par un profil en forme d'égoïne. Un terrain favorable aux offensives de diversion. Successivement, Jaermann, O'Grady et Vanzella sortirent du peloton, imités en fin de course par Zülle, Fontanelli, Breukink, Maignan et même Laurent Jalabert. Quant à Pascal Chanteur, il tenta vainement sa chance à 14 kilomètres de l'arrivée. Mais la prime de la combativité « Cœur de Lion » revint à Thierry Gouvenou, le régional de l'étape, qui voulait être aussi le régional de l'épate. A la recherche d'un succès sur ses terres – son père est marchand de cycles à Vire – il se lança dans une échappée solitaire de 100 kilomètres qui prit fin à 40 kilomètres de l'arrivée. Il ne put rééditer l'exploit de Thierry Marie, cet autre Normand, vainqueur au Havre en 1991 à l'issue d'un raid de 234 kilomètres, et put constater qu'il était de plus en plus difficile pour un « régional » de tirer son épingle du jeu. En revanche, il est entré en compétition pour le prix Robert-Chapatte.

Pour être le plus fort dans les 200 derniers mètres, il faut pouvoir compter sur la force collective d'une équipe capable de « neutraliser » la course pendant les 40 derniers kilomètres. C'est le cas de l'équipe Saeco, rompue à cet exercice dans le dernier Giro, où Cipollini l'emporta à cinq reprises.

Classement 2ᵉ étape

SAINT-VALERY-EN-CAUX - VIRE 262 KM		Classement général		Classement par points	
1. Cipollini M. (SAE)	6 h 27'47"	1. Cipollini M. (SAE)	11 h 15'30"	**Cipollini M. (SAE)**	84 pts
2. Zabel E. (TEL)	à 0"	2. Boardman C. (GAN)	à 36"		
3. Blijlevens J. (TVM)	à 0"	3. Ullrich J. (TEL)	à 38"	Classement par équipes	
4. Moncassin F. (GAN)	à 0"	4. Rominger T. (COF)	à 41"		
5. Outschakov S. (PLT)	à 0"	5. Olano A. (BAN)	à 46"	**Telekom**	33 h 48'54"
6. Baffi A. (USP)	à 0"	6. Jalabert L. (ONC)	à 48"		
7. Lamour C. (MUT)	à 0"	7. Blijlevens J. (TVM)	à 48"	Meilleur grimpeur	
8. Vogels H. (GAN)	à 0"	8. Zabel E. (TEL)	à 49"		
9. McEwen R. (RAB)	à 0"	9. Steels T. (MAP)	à 50"	**Kasputis A. (CSO)**	18 pts
10. Strazzer M. (ROS)	à 0"	10. Knaven S. (TVM)	à 51"		

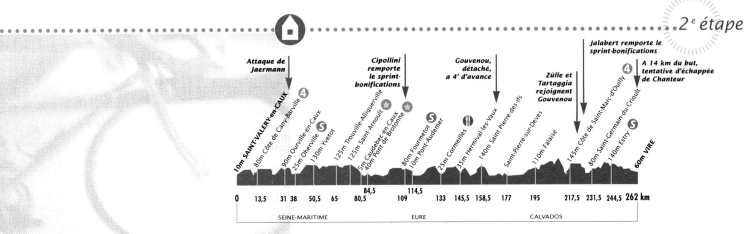

Vire ▶ Plumelec ....

Zabel revient...
Rominger s'en va

Le Tour a traversé la Bretagne à plus de 45 kilomètres/heure. Cette étape ultrarapide, de nouveau favorable aux sprinters, a encore été marquée par des chutes qui ont accablé plusieurs favoris.

Dans la côte de Cadoudal, où Bernard Thévenet et Roland Berland conquirent naguère le titre de champion de France, un Jalabert surgit soudain, qui n'était pas Laurent... Nicolas, le benjamin de la famille, tentait son premier coup d'éclat du Tour. Ses espérances furent réelles et ses illusions de courte durée. L'avant-garde d'un peloton éclaté le déborda à moins de 500 mètres de l'arrivée. Et l'on vit l'Allemand Erik Zabel, maillot vert 1996, renouer avec la victoire, démontrant pour la circonstance qu'il était capable de gagner un sprint sur un terrain escarpé.

Quatre coureurs grimpent vers le château de la Belle au Bois dormant. Mais le conte de fées d'une victoire d'étape va se fracasser dans la côte de Cadoudal. Erik Zabel, qui avait déjà su « maîtriser » le Poggio dans Milan-San Remo, l'emporte nettement au sommet, confirmant qu'il est devenu un champion complet, un vrai maillot vert.

Vingt coureurs s'étaient détachés à la faveur de cette fameuse côte de Cadoudal qui appartient au folklore cycliste breton. Dans le sillage de Zabel, on identifiait Vandenbroucke et Riis. Il y avait aussi Olano, Boardman, Rebellin, Ullrich, Dufaux, Luttenberger, Ekimov, Escartin, Elli, Hamburger et sept Français : Laurent Jalabert, Robin, Chanteur, Virenque, Brochard, Heulot et Lino. Cipollini, Berzin et Leblanc concédaient 11 secondes, Moncassin en perdait 16, tandis que Nicolas Jalabert, seul en tête à quelques hectomètres du but, nous l'avons dit, se retrouvait à 43 secondes. La note était plus lourde pour Pantani, pour Zülle, qui passait sous la banderole en compagnie de Christophe Agnolutto avec un retard de 1'31", et surtout pour Gotti, pointé à 3'20".

Ils avaient été bloqués par une chute collective à 9 kilomètres de Plumelec, chute dont Tony Rominger devait être la principale victime. Le Suisse était aussitôt évacué vers l'hôpital de Vannes, le docteur Porte ayant diagnostiqué une fracture de la clavicule droite.

Ainsi prenait fin, dès le quatrième jour, l'aventure d'un homme qui fut un rival de Miguel Indurain et que l'on tenait, il n'y a pas si longtemps, pour un vainqueur potentiel du Tour. La Bretagne profonde, qui est une terre de cyclistes et qui dissimule de magnifiques itinéraires, avait été le théâtre d'une course nerveuse, extrêmement rapide, indécise jusqu'au bout.

Classement 3e étape

VIRE - PLUMELEC 224 KM		Classement général		Classement par points	
1. Zabel E. (TEL)	4 h 54'33"	1. Cipollini M. (SAE)	16 h 10'12"	Zabel E. (TEL)	95 pts
2. Vandenbroucke F. (MAP)	à 0"	2. Zabel E. (TEL)	à 14"		
3. Riis B. (TEL)	à 0"	3. Boardman C. (GAN)	à 27"	Classement par équipes	
4. Jalabert L. (ONC)	à 0"	4. Ullrich J. (TEL)	à 29"	Telekom	48 h 32'33"
5. Rebellin D. (FDJ)	à 0"	5. Vandenbroucke F. (MAP)	à 33"		
6. Olano A. (BAN)	à 0"	6. Olano A. (BAN)	à 37"		
7. Robin J. (USP)	à 0"	7. Jalabert L. (ONC)	à 39"	Meilleur grimpeur	
8. Ullrich J. (TEL)	à 0"	8. Lino P. (BIG)	à 52"	Brochard L. (FES)	28 pts
9. Dufaux L. (FES)	à 0"	9. Moncassin F. (GAN)	à 55"		
10. Chanteur P. (CSO)	à 0"	10. Camenzind O. (MAP)	à 55"		

16 coureurs se détachent

Bortolami, Rodrigues, Nelissen et Simons sortent du groupe

Nelissen devient learder virtuel

L'avance culmine à 3'30"

Simon décide de continuer

La chute

Simon rejoint aux 5 km

0m VIRE
235m Sourdeval
290m Côte de Bellevue
70m Saint-Hilaire-du-Harcouët
160m Côte des Loges-Marchis
150m Louvigné-du-Désert
130m Saint-Georges-de-Reintembault
50m Argouges
90m Tremblay
85m Bazouges-la-Pérouse
60m Dingé
30m Tinténiac
35m Médréac
75m Saint-Méen-le-Grand
30m Mauron
50m Guillers
30m Josselin
65m Guégon
140m Plumelec
135m PLUMELEC

11 17 — 37,5 — 41 49,5 58,5 — 72,5 84,5 93 — 108,5 118,5 — 137,5 — 152,5 166,5 177,5 — 193,5 198,5 211,5 — 224 km

CALVADOS | MANCHE | ILLE-ET-VILAINE | MANCHE | ILLE-ET-VILAINE | MORBIHAN

Plumelec ▶ le Puy-du-Fou ....

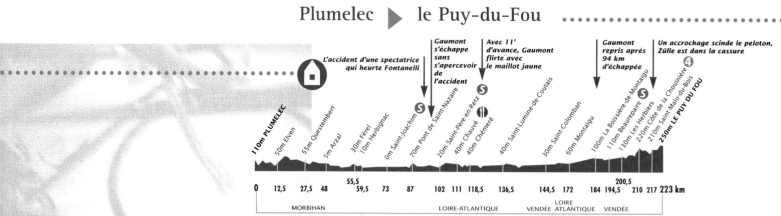

L'accident d'une spectatrice qui heurte Fontanelli

Gaumont s'échappe sans s'apercevoir de l'accident

Avec 11' d'avance, Gaumont flirte avec le maillot jaune

Gaumont repris après 94 km d'échappée

Un accrochage scinde le peloton, Zülle est dans la cassure

110m PLUMELEC
50m Elven
55m Questembert
5m Arzal
30m Férel
10m Herbignac
0m Saint-Joachim
70m Pont de Saint-Nazaire
20m Saint-Père-en-Retz
40m Chauvé
40m Chémeré
40m Saint-Lumine-de-Coutais
30m Saint-Colomban
60m Montaigu
100m La Boissière-de-Montaigu
110m Beaurepaire
130m Les Herbiers
220m Côte de la Chouinière
210m Saint-Malo-du-Bois
250m LE PUY DU FOU

0   12,5   27,5   48   55,5   59,5   73   87   102   111   118,5   136,5   144,5   172   184   194,5   200,5   210   217   223 km

MORBIHAN   LOIRE-ATLANTIQUE   LOIRE VENDÉE ATLANTIQUE   VENDÉE

Minali, pour 4 millimètres...

Le rapide Italien Nicola Minali, double vainqueur de Paris-Tours, a fait sa réapparition en gagnant au Puy-du-Fou le sprint le plus étonnant de la saison. Et en battant Moncassin sur le fil.

Sans la photo-finish, il eût été impossible de dire qui avait gagné, de Nicola Minali ou de Frédéric Moncassin, encore que l'Italien ait levé la main en signe de victoire. Sur la ligne d'arrivée, l'écart séparant les deux hommes n'atteignait pas l'épaisseur d'un boyau. Quatre millimètres, selon le communiqué officiel. Il fallait se reporter sept ans en arrière pour extraire de nos mémoires le souvenir d'un sprint aussi serré, nous voulons parler de celui qui permit au Belge Eddy Planckaert de remporter Paris-Roubaix au détriment du Canadien Bauer, en 1990.

Ni Zabel ni Cipollini ne furent en mesure, cette fois, de se mêler à l'explication finale. Ils étaient pourtant bien emmenés par leurs équipiers. Les Saeco, en particulier, avaient accompli un travail important pour préparer le terrain au beau Mario, mais celui-ci plafonna en vue de la banderole, ce qui n'est pas dans ses habitudes. Faut-il en conclure que Minali et Moncassin sont intrinsèquement les plus véloces ? Que Zabel et Cipo, les athlètes, émergent plutôt dans les sprints en force ?

Les résultats du jour n'étant pas ceux de la veille, il convient d'accueillir la proposition avec prudence. Quoi qu'il en soit, la folle arrivée du Puy-du-Fou aura constitué une séquence dont on se souviendra et sur laquelle on épiloguera en vain. Cipollini avait sans doute eu tort de marquer l'Allemand de trop près, tandis que Moncassin, dans sa précipitation, avait commis l'erreur de jeter le vélo un peu avant la ligne.

Cette étape de la chouan-nerie, qui plongeait au cœur de la Vendée, devait être marquée par de nouvelles chutes. Elles coûtèrent notamment une demi-minute à Zülle, Gotti et Pantani. Percutée par Fontanelli, une spectatrice de Saint-Brévin-les-Pins avait été grièvement blessée et Fontanelli – clavicule cassée – abandonnait peu après. A cet instant, Philippe Gaumont venait de sortir du peloton. S'il profita d'un certain flottement, il paya de sa personne pour porter son avantage à 11'20" au 120ᵉ kilomètre, et son aventure se prolongea pendant 94 kilomètres. Sans espoir. Rejoint à 40 kilomètres du Puy-du-Fou, il termina dernier de l'étape. Son retard ? 11'32". Pratiquement l'équivalent de son avance maxi...

Cette année, Frédéric Moncassin a perdu le Tour des Flandres, Paris-Roubaix et le Championnat de France d'un souffle. Au Puy-du-Fou, il échoue cette fois pour 4 millimètres, peaufinant encore son « art de perdre ».

Quant à l'Italien Nicola Minali, il s'est contenté de gagner « platement » l'étape.

Classement 4ᵉ étape

PLUMELEC - LE PUY-DU-FOU 223 KM		Classement général		Classement par points	
1. Minali N. (BAT)	5 h 46'42"	1. Cipollini M. (SAE)	21 h 56' 46"	Zabel E. (TEL)	131 pts
2. Moncassin F. (GAN)	à 0"	2. Zabel E. (TEL)	à 4"		
3. Zabel E. (TEL)	à 0"	3. Boardman C. (GAN)	à 35"	Classement par équipes	
4. Cipollini M. (SAE)	à 0"	4. Ullrich J. (TEL)	à 37"		
5. Blijlevens J. (TVM)	à 0"	5. Vandenbroucke F. (MAP)	à 41"	Telekom	65 h 52' 39"
6. Baldato F. (MAG)	à 0"	6. Olano A. (BAN)	à 45"	Meilleur grimpeur	
7. Kirsipuu J. (CSO)	à 0"	7. Jalabert L. (ONC)	à 47"		
8. O'Grady S. (GAN)	à 0"	8. Moncassin F. (GAN)	à 51"	Brochard L. (FES)	33 pts
9. McEwen R. (RAB)	à 0"	9. Lino P. (BIG)	à 1'0"		
10. Loda N. (MAG)	à 0"	10. Camenzind O. (MAP)	à 1'3"		

Chantonnay ▶ La Châtre ....

Cédric Vasseur dans la tradition familiale

Première victoire française au pays de George Sand. Vingt-sept ans après son père, Cédric Vasseur a remporté un succès qui marque un tournant de sa carrière. La récompense de l'esprit offensif et de l'obstination.

Attaquer le plus tard possible ou partir de loin. Quelle est la meilleure méthode pour gagner une étape ? Il n'existe pas de recette infaillible ; tout est affaire de circonstances, mais, pour les hommes courageux et opiniâtres, la seconde est certainement celle qui présente les plus solides garanties. Elle a réussi, en tout cas, à Cédric Vasseur, lequel s'est offert la victoire du jour et le maillot jaune au terme d'un raid solitaire de 147 kilomètres. Superbe performance qui récompense l'esprit d'entreprise individuel et l'organisation collective, l'équipe Gan ayant efficacement couvert la fugue du Nordiste sur la route de Poitiers à La Châtre. S'il a bénéficié d'une certaine

Classement 5e étape					
CHANTONNAY - LA CHÂTRE 261,5 KM		Classement général		Classement par points	
1. Vasseur C. (GAN)	6 h 16' 44"	1. Vasseur C. (GAN)	28 h 14'35"	**Zabel E. (TEL)**	148 pts
2. O'Grady S. (GAN)	à 2' 32"	2. Cipollini M. (SAE)	à 2' 17"		
3. Cabello F. (KEL)	à 2' 32"	3. Zabel E. (TEL)	à 2' 19"	Classement par équipes	
4. Artunghi M. (MER)	à 2' 32"	4. Boardman C. (GAN)	à 2' 54"	**Gan**	84 h 49' 25"
5. Meinert-Nielsen P. (USP)	à 2' 32"	5. Ullrich J. (TEL)	à 2' 56"		
6. Bourguignon T. (BIG)	à 2' 32"	6. Vandenbroucke F. (MAP)	à 3' 0"	Meilleur grimpeur	
7. Gougot F. (CSO)	à 2' 32"	7. Olano A. (BAN)	à 3' 4"		
8. Cueff S. (MUT)	à 2' 32"	8. O'Grady S. (GAN)	à 3' 5"	**Brochard L. (FES)**	36 pts
9. Zen M. (ROS)	à 2' 32"	9. Moncassin F. (GAN)	à 3' 6"		
10. Hamburger B. (TVM)	à 2' 32"	10. Jalabert L. (ONC)	à 3' 6"		

lassitude au sein des formations qui protègent leurs routiers-sprinters – nous pensons à Telekom ou à Saeco – il a dépensé beaucoup d'énergie pour se mettre hors de portée des poursuivants et pour garder la maîtrise du terrain. Il faut préciser que son avance maximale atteignait 17'45" à Saint-Savin-sur-Gartempe, au 162e kilomètre. Cet écart considérable, qu'il avait creusé en moins de 50 kilomètres, lui assurait virtuellement le gain de l'étape. L'homme de tête possédait encore 9'30" d'avance à Argenton-sur-Creuse, à 40 kilomètres du but, et les 2'32" qu'il conservait sur la ligne d'arrivée suffisaient à son bonheur puisque la première place du classement général lui était acquise.

Cédric Vasseur est âgé de 27 ans. Et, il y a vingt-sept ans, son père, Alain, équipier de Jean-Marie Leblanc chez Bic, gagnait à Felsberg dans un style comparable, au prix d'une de ces longues échappées qui font partie des traditions familiales.

Alex Zülle n'avait pas pris le départ de Chantonnay. Le handicap de sa récente fracture de la clavicule était décidément trop lourd.

Le miracle du Tour s'accomplit. C'est le génie de cette épreuve de savoir raconter de belles histoires. Cédric Vasseur n'est plus l'inconnu dans le peloton. Au terme de sa chevauchée solitaire, il a rejoint son père, Alain, parti devant vingt-sept ans plus tôt, au cours de l'étape s'achevant à Felsberg. Une échappée comme un aveu de piété filiale, un maillot jaune que l'on porte à deux.

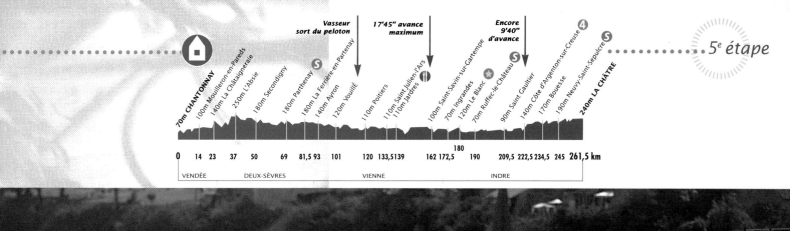

70m CHANTONNAY
100m Mouilleron-en-Pareds
140m La Châtaigneraie
250m L'Absie
180m Secondigny
180m Parthenay
180m La Ferrière-en-Partenay
140m Ayron
120m Vouillé
110m Poitiers
110m Saint-Julien-l'Ars
110m Jardres
100m Saint-Savin-sur-Gartempe
70m Ingrandes
120m Le Blanc
70m Ruffec-le-Château
90m Saint Gaultier
140m Côte d'Argenton-sur-Creuse
170m Bouesse
190m Neuvy-Saint-Sepulcre
240m LA CHÂTRE

Vasseur
sort du peloton

17'45" avance
maximum

Encore
9'40"
d'avance

180

0   14   23   37   50   69   81,5 93   101   120 133,5 139   162 172,5   190   209,5 222,5 234,5 245 **261,5 km**

VENDÉE   DEUX-SÈVRES   VIENNE   INDRE

Le Blanc ▶ Marennes ....

Du rififi dans le peloton

Le routier-sprinter Jeroen Blijlevens gagne régulièrement son étape depuis 1995. Cette fois, il a obtenu la décision sur le tapis vert, à la suite d'une arrivée tumultueuse qui a fait bien des vagues.

Si Cédric Vasseur a passé une journée de rêve, celle d'Erik Zabel s'est achevée par un cauchemar. Net vainqueur au sprint, il a été déclassé par le jury des commissaires pour un coup de boule acrobatique donné dans « le brouillon » de l'emballage final. Coups de coude, coups de tête, c'est la chorégraphie agitée des arrivées au sprint.

Zabel, le leader aux points, déclassé de la première place et rétrogradé à la 123ᵉ. Steels, le champion de Belgique, mis hors course. Abdoujaparov, le célèbre Abdou, disqualifié pour dopage...

C'est beaucoup pour une seule journée. D'autant qu'il faut ajouter à la rubrique des mauvaises nouvelles les chutes de Gotti, de Berzin, de Van Bon, tous trois condamnés à l'abandon, de Cipollini, en sursis pour quelques heures, de Gaumont, qui a perdu plus de quatre minutes, de Vasseur et de Boardman, qui ont heureusement limité les dégâts.

Du jamais vu dans le Tour de France. Il fallait bien imaginer que les sprints démentiels où tous les coups sont permis... jusqu'à preuve du contraire se termineraient tôt ou tard de cette façon. La faute de Zabel était flagrante. Le porteur du maillot vert

Classement 6ᵉ étape

LE BLANC - MARENNES 217,5 KM		Classement général		Classement par points	
1. Blijlevens J. (TVM)	5 h 58'9"	1. Vasseur C. (GAN)	34 h 12'44"	**Zabel E. (TEL)**	158 pts
2. Abdoujaparov D. (LOT)	à 0"	2. Zabel E. (TEL)	à 2'9"		
3. Traversoni M. (MER)	à 0"	3. Cipollini M. (SAE)	à 2'15"	Classement par équipes	
4. Minali N. (BAT)	à 0"	4. Boardman C. (GAN)	à 2'54"	**Gan**	102 h 43'52"
5. Moncassin F. (GAN)	à 0"	5. Ullrich J. (TEL)	à 2'56"		
6. McEwen R. (RAB)	à 0"	6. Vandenbroucke F. (MAP)	à 3'0"	Meilleur grimpeur	
7. Baldato F. (MAG)	à 0"	7. O' Grady S. (GAN)	à 3'3"	**Brochard L. (FES)**	41 pts
8. Nazon D. (FDJ)	à 0"	8. Moncassin F. (GAN)	à 3'4"		
9. Strazzer M. (ROS)	à 0"	9. Olano A. (BAN)	à 3'4"		
10. Simon F. (GAN)	à 0"	10. Jalabert L. (ONC)	à 3'6"		

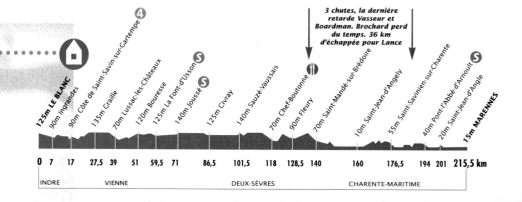

Il existe plusieurs façons de quitter le Tour. Mario Cipollini a généralement choisi la sortie de secours, mais cette fois, une chute l'a poussé à l'abandon. Celui-ci nous a privés d'une « présence » et d'un finisseur qui a manqué au sprint des Champs-Elysées.

Tom Steels, le champion de Belgique, a opté pour le siège éjectable. Les commissaires l'ont mis hors course pour avoir « perdu les pédales » en plein sprint. Furieux d'être tassé, il a balancé son bidon sur le dos du malheureux Frédéric Moncassin qui n'y était pour rien. Et qui en plus n'avait pas soif.

Le vieux boucanier d'Abdoujaparov, lui, a dû se contenter de la petite porte. Il a été reconnu positif au contrôle anti-dopage. Ce colombophile averti s'est trouvé être le pigeon de cette sale affaire qui lui coûtera d'être licencié dès le lendemain de l'équipe Lotto. Pour Jean-Marie Leblanc, le directeur du Tour, il n'y a jamais de journée de repos !

quitta sa ligne aux 300 mètres et balança carrément Nazon. Celle de Steels ne le fut pas moins. Il jeta son bidon en direction de Moncassin qui n'avait rien à se reprocher.

Quel était le plus coupable des deux ? Question d'appréciation. Les commissaires ont, semble-t-il, établi une nuance entre l'irrégularité inadmissible et l'agressivité impardonnable.

Si l'on excepte les sanctions relatives à la lutte antidopage, il faut remonter très loin dans l'histoire du Tour de France pour retrouver un exemple d'exclusion immédiate. En 1938, Georges Speicher avait été surpris accroché à une voiture et sanctionné sur-le-champ. Mais l'affaire la plus extravagante date de 1911. Vainqueur de la grande étape pyrénéenne Luchon-Bayonne avec 34 minutes d'avance sur Garrigou, Maurice Brocco était renvoyé chez lui le soir même. Motif : il n'avait pas défendu sa chance au cours des étapes précédentes.

A l'époque, la course était strictement individuelle. La non-combativité représentait un délit et les commissaires appliquaient le règlement dans toute sa rigueur. A cet égard, le Tour de la modernité marque d'une certaine manière un retour aux sources.

Marennes ▶ Bordeaux ··

Le sprint de la réhabilitation

Encore un sprint massif... et encore Zabel, vainqueur d'une étape charentaise qui ne fut pas de tout repos. La moyenne (46,328 km/h) souligne les mérites de Baffi, Saligari et Vanzella, les attaquants du jour.

On ne badine pas avec l'honneur d'Erik Zabel. Déclassé la veille pour sprint irrégulier, le champion allemand s'était abstenu de tout commentaire. Dynamisée par un sentiment d'injustice, sa pointe de vitesse a rendu un verdict sans appel. Et il a levé les bras comme on dit : « Je le jure ! ». Derrière lui, vus d'en haut, des coureurs passent la ligne, témoins fugitifs de sa démonstration d'innocence.

Certaines traditions se perdent. L'étape de Bordeaux, qui constituait naguère une spécialité néerlandaise, tend à devenir une possession allemande. Aux abords de la place des Quinconces, le solide Erik Zabel a réédité le succès qu'il avait obtenu en 1995 sur les berges du Lac. Sprint sans problèmes, cette fois, confirmant une supériorité athlétique incontestable. Surtout depuis l'abandon de Mario Cipollini, blessé, qui renonça dès le vingt-quatrième kilomètre.

Les traditions se perdent aussi, comme dirait Geminiani, dans la mesure où, par le passé, les incidents éclataient ici plutôt qu'ailleurs. C'est à Bordeaux que Sylvère Maes quitta le Tour et que Guy Lapébie battit Van Steenbergen dans une atmosphère de corrida. Mais la Gironde reste par excellence la terre d'élection des routiers-sprinters et Zabel figure à deux reprises au palmarès d'une ville-étape où les meilleurs d'entre eux exprimèrent leur talent, de Darrigade à Abdoujaparov, en passant par Godefroot, Raas, Phinney, Van Poppel et... Moncassin. Il avait

C l a s s e m e n t 7ᵉ é t a p e				
MARENNES - BORDEAUX 194 KM		**Classement général**		**Classement par points**
1. Zabel E. (TEL)	4 h 11'15"	1. Vasseur C. (GAN)	38 h 23'59"	**Zabel E. (TEL)** 193 pts
2. Kirsipuu J. (CSO)	à 0"	2. Zabel E. (TEL)	à 1'49"	
3. Blijlevens J. (TVM)	à 0"	3. Boardman C. (GAN)	à 2'54"	**Classement par équipes**
4. McEwen R. (RAB)	à 0"	4. Ullrich J. (TEL)	à 2'56"	
5. Strazzer M. (ROS)	à 0"	5. O'Grady S. (GAN)	à 3'3"	**Gan** 115 h 17'37"
6. Simon F. (GAN)	à 0"	6. Moncassin F. (GAN)	à 3'4"	
7. Vogels H. (GAN)	à 0"	7. Olano A. (BAN)	à 3'4"	**Meilleur grimpeur**
8. Moncassin F. (GAN)	à 0"	8. Jalabert L. (ONC)	à 3'6"	
9. Jalabert N. (COF)	à 0"	9. Camenzind O. (MAP)	à 3'22"	**Brochard L. (FES)** 41 pts
10. Traversoni M. (MER)	à 0"	10. Rebellin D. (FDJ)	à 3'24"	

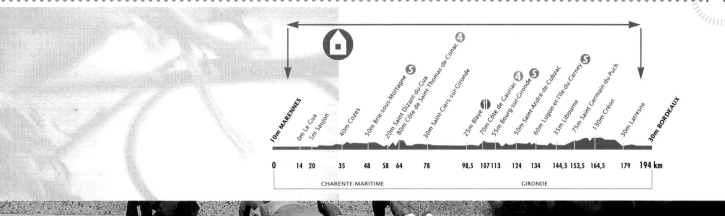

10m MARENNES · 0m Le Gua · 5m Saujon · 40m Cozes · 50m Brie-sous-Mortagne · 20m Saint Dizant-du-Gua · 80m Côte de Saint-Thomas-de-Conac · 30m Saint-Ciers-sur-Gironde · 25m Blaye · 70m Côte de Gauriac · 55m Bourg-sur-Gironde · 50m Saint-André-de-Cubzac · 60m Lugon-et-l'Ile-du-Carney · 35m Libourne · 75m Saint Germain-du-Puch · 130m Créon · 30m Latresne · 30m BORDEAUX

0   14 20   35   48   58 64   78   98,5 107 113   124 134   144,5 153,5 164,5   179   194 km

CHARENTE-MARITIME   GIRONDE

Le présent, c'est Erik Zabel, semblent constater l'ancien quintuple vainqueur du Tour Bernard Hinault et l'ancien Premier ministre Alain Juppé, maire de Bordeaux.

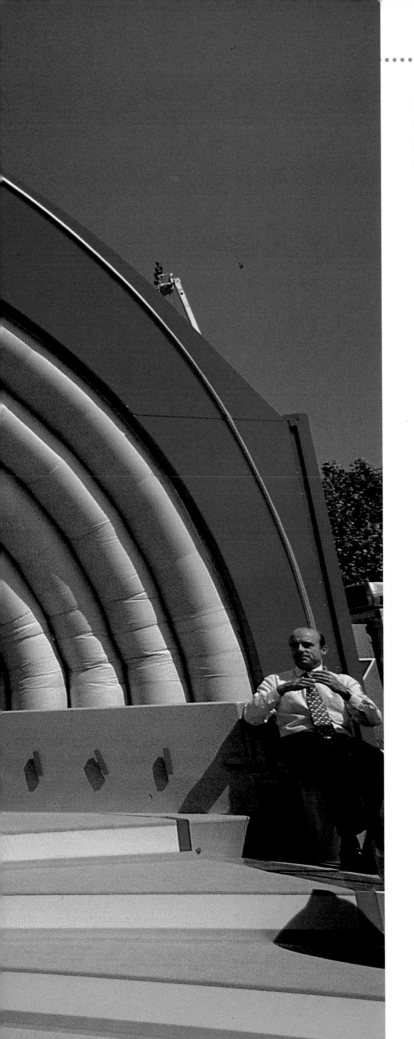

beaucoup à se faire pardonner depuis la veille et il s'est réhabilité de la façon la plus régulière, répétons-le, au cours d'un final étourdissant, conforme à l'ordre des valeurs, encore que Moncassin n'y soit pas tout à fait à sa place : il a été devancé par Blijlevens, ce qui semble logique, et par François Simon, ce qui l'est moins.

A Bordeaux, sa pointe de vitesse a paru quelque peu émoussée, sans doute parce qu'il a laissé une part de ses motivations et de son influx nerveux dans ses échecs successifs.

La plus grande détermination habitait en revanche les trois Italiens Baffi, Saligari et Vanzella, qui occupèrent le commandement pendant 177 kilomètres et qui portèrent leur avance à 5 minutes, malgré l'allure extrêmement rapide. Ils furent rejoints à 14 kilomètres du but, après avoir longtemps espéré.

39

Sauternes ▶ Pau ....

Zabel : jamais deux sans trois...

A Pau, au pied des Pyrénées, Erik Zabel obtenait sa troisième victoire et un deuxième succès consécutif, en battant un peloton de 136 unités. L'étape des Landes, habituellement calme, avait été animée et ultrarapide.

Quatre coureurs sur la même ligne. Moins de 5 centimètres entre Zabel, premier, et Moncassin, quatrième, Minali et Blijlevens prenant respectivement les deuxième et troisième places... C'est dire si les puncheurs du peloton se tiennent de près et si les sprints peuvent être indécis. Au Puy-du-Fou, le Toulousain s'était incliné pour 4 millimètres. Cette fois, il échouait d'un souffle, alors qu'il comptait deux longueurs de retard sur Zabel aux 200 mètres. Il termina très vite. Et plus vite que les autres, mais cela n'aura pas suffi. Le porteur du maillot vert, remarquablement emmené par ses équipiers de Telekom, sut produire son

effort au bon moment et « jeter » son vélo à l'instant décisif, comme savent le faire les sprinters authentiques.

Cette arrivée fulgurante mettait la touche finale à une étape débridée comptant parmi les plus rapides de l'histoire du Tour de France. Les 161 kilomètres de Sauternes à Pau devaient être couverts à 47,804 de moyenne, le record appartenant toujours au Belge Bruyneel (49,417 km/h) depuis l'étape Evreux-Amiens du Tour 1993. Une telle vitesse de croisière rehaussait singulièrement les mérites de Baldato et de Ludovic Auger, échappés pendant 100 kilomètres dans la traversée des Landes de Gascogne. Les deux hommes comptaient 6 minutes d'avance à Mont-de-Marsan. Cependant, ils n'eurent pas davantage de réussite que les attaquants des journées précédentes, au nombre desquels figuraient, rappelons-le, Pascal Lance et les trois Italiens Baffi, Vanzella et Saligari. Auger, qui avait tout de même vécu une belle aventure, capitula à 30 kilomètres de Pau. L'Italien fut absorbé 10 kilomètres plus loin. Le sprint massif était inévitable. Mengin, Baranowski, puis Ekimov et Brochard tentèrent encore de l'éviter. En vain. Mais le peloton se fractionna, au sommet de la côte d'Auga, à la suite d'une accélération de Virenque, et Agnolutto, pris dans la cassure, perdit plus de 7 minutes après avoir accompli un gros travail au service de l'équipe Casino. On arrivait sur le terrain des grimpeurs. La course avait plongé vers les Pyrénées à la vitesse grand V, comme attirée par la montagne...

Ludovic Auger et Fabio Baldato ont tenté de se soustraire à la dure loi de ce début du Tour : l'arrivée groupée. A l'échappée rebelle a donc succédé le sprint royal. Zabel, Minali, Blijlevens et Moncassin se sont expliqués dans un mouchoir de poche, mais c'est encore le maillot vert qui les a tous enrhumés.

Classement 8e étape

SAUTERNES - PAU 161,5 KM		Classement général		Classement par points	
1. Zabel E. (TEL)	3 h 22'42"	1. Vasseur C. (GAN)	41 h 46'41"	Zabel E. (TEL)	236 pts
2. Minali N. (BAT)	à 0"	2. Zabel E. (TEL)	à 1'21"		
3. Blijlevens J. (TVM)	à 0"	3. Boardman C. (GAN)	à 2'54"	Classement par équipes	
4. Moncassin F. (GAN)	à 0"	4. Ullrich J. (TEL)	à 2'55"		
5. Aus L. (CSO)	à 0"	5. O'Grady S. (GAN)	à 2'59"	Gan	125 h 25'43"
6. Fagnini G. (SAE)	à 0"	6. Moncassin F. (GAN)	à 3'4'"	Meilleur grimpeur	
7. Tchmil A. (LOT)	à 0"	7. Olano A. (BAN)	à 3'4"		
8. Strazzer M. (ROS)	à 0"	8. Jalabert L. (ONC)	à 3'6"	Brochard L. (FES)	47 pts
9. Jalabert N. (COF)	à 0"	9. Camenzind O. (MAP)	à 3'22"		
10. Baffi A. (USP)	à 0"	10. Rebellin D. (FDJ)	à 3'24"		

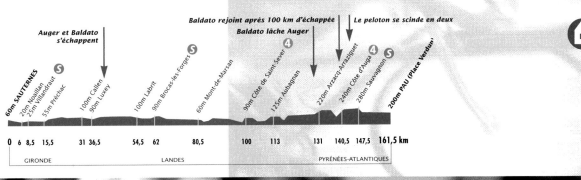

Auger et Baldato
s'échappent

Baldato rejoint après 100 km d'échappée
Baldato lâche Auger

Le peloton se scinde en deux

60m SAUTERNES
20m Noaillan
25m Villandraut
55m Préchac
100m Callen
90m Luxey
100m Labrit
90m Brocas-les-Forges Ⓢ
60m Mont-de-Marsan
90m Côte de Saint-Sever ④
125m Aubagnan
220m Arzacq-Arraziguet
240m Côte d'Auga ④
280m Sauvagnon Ⓢ
200m PAU (Place Verdun)

0 6 8,5 15,5   31 36,5   54,5 62   80,5   100   113   131   140,5 147,5   161,5 km

GIRONDE   LANDES   PYRÉNÉES-ATLANTIQUES

Pau ▶ Loudenvielle ....

Le jour de fête de Brochard

Avant d'atteindre les Pyrénées, le peloton avait déjà perdu quatre favoris, Zülle, Berzin, Rominger et Gotti, le vainqueur du Giro, sans parler d'Abdoujaparov. On savait alors que le Tour 1997 ne ressemblerait pas aux précédents. En fait, la victoire inédite de Laurent Brochard à l'issue de la première étape de montagne devait constituer le premier élément d'un renouveau symptomatique et, de toute évidence, elle préfigurait d'autres bouleversements. Ce résultat très spectaculaire ne constituait pas à proprement parler une surprise – Brochard avait remporté les trois dernières étapes du Midi libre, dont deux en altitude –, mais il s'inscrivait

dans un schéma de la course quelque peu différent de celui qu'on imaginait. On y verra l'œuvre d'un coureur de tempérament et d'une équipe bien articulée qui applique une tactique digne de la stratégie des Telekom en s'assurant d'entrée la maîtrise du terrain. Elle lança d'abord Pascal Hervé, se réservant d'intervenir ensuite avec Brochard, Virenque et Dufaux. Toute la forma-

tion Festina se trouvait ainsi groupée aux avant-postes et Laukka, étonnant routier finlandais adopté par le Languedoc, y tenait un rôle important. A l'occasion de ce premier contact avec la haute montagne, Pascal Hervé allait accomplir une performance en tout point remar-

quable. En tête au sommet du Tourmalet aux côtés de Javier Pascual et premier au col d'Aspin (un titre de gloire). Après avoir lâché l'Espagnol, il rentra dans le rang au terme d'une

A chacun son 14 Juillet ! Cédric Vasseur sauve son maillot jaune pour 13 secondes ; Richard Virenque « explose » Bjarne Riis dans le col de Val Louron ; enfin son équipier Laurent Brochard enlève l'étape. Jan Ullrich, quatrième, dans le sillage des Français, fait maintenant figure de trouble-fête.

Classement 9ᵉ étape

PAU - LOUDENVIELLE 182 KM		Classement général		Classement par points	
1. Brochard L. (FES)	5 h 24'57"	1. Vasseur C. (GAN)	47 h 14'35"	Zabel E. (TEL)	242 pts
2. Virenque R. (FES)	à 14"	2. Ullrich J. (TEL)	à 13"		
3. Pantani M. (MER)	à 14"	3. Olano A. (BAN)	à 1'14"	Classement par équipes	
4. Ullrich J. (TEL)	à 14"	4. Riis B. (TEL)	à 1'43"	Telekom	141 h 48'4"
5. Jimenez J. (BAN)	à 33"	5. Virenque R. (FES)	à 1'43"		
6. Dufaux L. (FES)	à 41"	6. Escartin F. (KEL)	à 2'14"	Meilleur grimpeur	
7. Escartin F. (KEL)	à 41"	7. Camenzind O. (MAP)	à 2'27"		
8. Riis B. (TEL)	à 41"	8. Dufaux L. (FES)	à 2'48"	Brochard L. (FES)	110 pts
9. Casagrande F. (SAE)	à 1'7"	9. Nardello D. (MAP)	à 3'49"		
10. Olano A. (BAN)	à 1'7"	10. Brochard L. (FES)	à 4' 4"		

Hervé
s'échappe
avec
Pascual

Leblanc
lâché

Vasseur,
Jalabert et
Olano
reviennent

Brochard, Camenzind et Rous
reviennent sur Hervé

Pascual
et Hervé
en tête

Hervé lâche
Pascual

Brochard revient
en vue du sommet

190m PAU

245m Arros-Nay

380m Arthez-d'Asson

760m Arbeost

1474m Col du Soulor

500m Argelès-Gazost

705m Luz-Saint-Sauveur
1050m Barèges

2114m Col du Tourmalet

860m Sainte-Marie-de-Campan

1489m Col d'Aspin

700m Arreau

800m Saint-Lary-Soulan

1580m Col de Val Louron-Azet

945m LOUDENVIELLE

0   13,5   27,5   41   50   69   88 94,5 106   123,5 136 148 159,5 171   182 km

PYRÉNÉES-
ATLANTIQUES

HAUTES-PYRÉNÉES

échappée de 100 kilomètres qui en valait le double sur un tel parcours. Il contribua surtout à préparer l'offensive Brochard-Virenque...

Et le Sarthois prit le relais de Pascal Hervé. Rejoint, puis débordé par le trio Virenque-Ullrich-Pantani, il eut la force de revenir, mais aussi la conviction et l'énergie nécessaires pour attaquer de nouveau à 3 kilomètres du but. Ce qui lui permit de terminer seul à Loudenvielle. Il fallait le faire ! On rappellera que la vallée du Louron, où Brochard venait de remporter la plus belle victoire de sa carrière, une victoire de l'intelligence et de la volonté, avait déjà marqué un tournant dans l'histoire du Tour, il y a six ans. C'est là que Miguel Indurain mit fin au règne de Greg LeMond.

Immédiatement derrière Brochard, Virenque, Pantani et Ullrich, qui affirmait ses ambitions, étaient les principaux bénéficiaires de l'opération, au détriment de Riis, en difficulté dans le col d'Azet. Le Danois, qui limitait les dégâts, concédait tout de même 41 secondes. La note se révélait plus lourde pour Olano, Luttenberger et Laurent Jalabert, relégué à 5'37".

Elle était franchement catastrophique pour Luc Leblanc, premier attaquant du jour sur les pentes du Soulor, qui se classait avant-dernier de l'étape à plus d'une demi-heure, vaincu par une violente douleur à la jambe droite. En revanche, Cédric Vasseur conservait le maillot jaune. Sa défense héroïque dans les cols pyrénéens suscitait l'admiration générale.

Le jeune prodige allemand a franchi sans encombre les cols pyrénéens et a su répondre avec une facilité déconcertante aux attaques de Richard Virenque.

Jan Ullrich pensait avoir fait le plus dur. Mais la ruée des journalistes le montre pour la première fois de la journée en réelles difficultés, sur le point de perdre pied !

Après les hommes du jour, voici ceux de la nuit : Laurent Jalabert et Luc Leblanc. Les deux champions français portent leur mystère comme un fardeau. Le numéro 1 mondial s'est perdu dans l'anonymat, pendant que l'ex-champion du monde a été parmi les premiers lâchés sur son terrain de prédilection. Dans le cœur des Français, la place est libre pour Richard Virenque, le seul à n'avoir jamais failli sur le Tour en six participations.

Luchon ▶ Andorre ....

Ullrich au zénith

Vingt-trois ans, meilleur jeune et leader du Tour. La deuxième étape pyrénéenne a consacré l'Allemand Jan Ullrich, qui a dominé les purs grimpeurs en haute montagne. Richard Virenque, premier au Port d'Envalira, point culminant du parcours, s'est attribué la prime Souvenir Henri-Desgrange, assortie du maillot à pois.

Jan Ullrich a pris la tête au pied du dernier col et il a accéléré. Les mains en bas du guidon comme pour une poursuite olympique, il s'est détaché dans son style soyeux où « rien ne bouge ». A-t-on assisté au début d'un long règne ou à un état de grâce ponctuel ? Est-il de la famille des quintuples vainqueurs ou de celle des météores Koblet-Ocana ?

Une étoile est née, le mardi 15 juillet 1997, au cœur de la principauté d'Andorre. En ce lieu de légende qui évoque le duel Anquetil-Poulidor, le jeune Allemand Jan Ullrich a conquis simultanément le maillot jaune et le titre de star. Ce nouveau géant de la route – 1,83 m, 73 kilos –, véritable surdoué du vélo connu pour ses qualités de rouleur, s'est joué de ses adversaires dans un style qui rappelle les plus talentueux grimpeurs de l'histoire du Tour. Il y avait du Koblet et du Merckx – nous pesons nos mots – chez l'athlète germanique gravissant la longue rampe d'Arcalis en surmultipliée, sans effort

Classement 10ᵉ étape

LUCHON - ANDORRE-ARCALIS 252,5 KM	Classement général	Classement par points
1. Ullrich J. (TEL) 7 h 46'6"	1. Ullrich J. (TEL) 55 h 0'54"	Zabel E. (TEL) 254 pts
2. Pantani M. (MER) à 1'8"	2. Virenque R. (FES) à 2'58"	
3. Virenque R. (FES) à 1'8"	3. Olano A. (BAN) à 4'46"	Classement par équipes
4. Casagrande F. (SAE) à 2'1"	4. Riis B. (TEL) à 4'53"	Festina 165 h 17'8"
5. Riis B. (TEL) à 3'23"	5. Pantani M. (MER) à 5'29"	
6. Dufaux L. (FES) à 3'27"	6. Escartin F. (KEL) à 5'46"	Meilleur grimpeur
7. Jimenez J. (BAN) à 3'45"	7. Dufaux L. (FES) à 6'2"	
8. Escartin F. (KEL) à 3'45"	8. Camenzind O. (MAP) à 7'0"	Virenque R. (FES) 209 pts
9. Olano A. (BAN) à 3'45"	9. Casagrande F. (SAE) à 7'20"	
10. Elli A. (CSO) à 3'45"	10. Vasseur C. (GAN) à 7'31"	

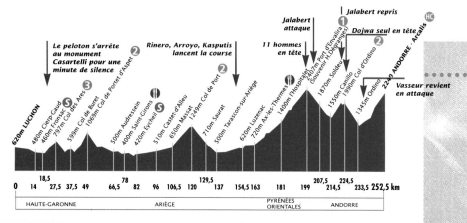

Ullrich-Riis n'est pas un remake de Hinault-LeMond en 1986. Derrière leurs leaders, les lieutenants de luxe Laurent Dufaux et Bjarne Riis grimpent de conserve à « l'étage du dessous ».

L'échappée brève de Jean-Philippe Dojwa le ressuscité est un des moments émouvants de ce Tour. Grâce à la Mutuelle de Seine-et-Marne, c'est un peu de l'esprit retrouvé des « régionaux » d'autrefois.

apparent, le visage serein, l'œil clair et les mains en bas du guidon.

Un grand moment de l'histoire du cyclisme. Une séquence qui restera gravée dans les mémoires. A l'issue d'une étape de montagne de 252 kilomètres extrêmement exigeante, le superman de Telekom devançait de plus d'une minute Pantani et Virenque, les maîtres escaladeurs, qu'il avait distancés à 9 kilomètres du but. Or, Pantani et Virenque n'étaient pas inférieurs à leur réputation, bien au contraire. Bjarne Riis, précédé par un remarquable Casagrande, quatrième, se retrouvait à 3'23". Laurent Jalabert, qui avait attaqué au début de la descente du Port d'Envalira, à 50 kilomètres du but, était pointé à 18'59". Brochard, si brillant la veille, accusait un retard de 28'55". Quant à Luc Leblanc, il terminait à la 163ᵉ place et encaissait un passif supplémentaire de 43 minutes.

Les coureurs qui se présentaient sur les hauteurs d'Andorre dans un délai de 8 minutes avaient réalisé, toutes proportions gardées, une authentique performance et ils s'estimaient heureux d'avoir limité les dégâts.

Dufaux, Jimenez, Escartin, Olano, Conti, Luttenberger et Camenzind étaient du nombre, cela ne surprenait personne, mais Jean-Philippe Dojwa, premier Français du Tour 1993, Elli, Laurent Roux, Pascal Lino, François Simon, Delrieu, Moreau, Chanteur, Laukka et... Cédric Vasseur faisaient également partie de cette sélection restreinte.

On avait apprécié la combativité d'un Dojwa retrouvé qui eut le cran de se battre jusqu'au bout après avoir franchi en tête le col d'Ordino et l'on admira l'attitude chevaleresque du maillot jaune, qui choisit de capituler pavillon haut en attaquant une dernière fois pour la gloire, alors que la situation était sans issue.

Le Louison Bobet du Tour 1948, confronté à un Bartali inaccessible, aurait agi de la même manière.

49

S'il n'est pas un grimpeur spécialiste à la manière de Marco Pantani,
dont il ne possède pas « l'explosive »
du col, Richard Virenque est un vrai
montagnard, capable d'imposer une
course intense sur plusieurs cols, mais
aussi de prolonger le combat dans les
descentes. Malheureusement, Jan Ullrich
est au courant !

51

Andorre ▶ Perpignan ....

Tapis vert pour Desbiens

A la sortie des Pyrénées, Laurent Desbiens renouait avec la victoire en bénéficiant du déclassement de l'Ukrainien Outschakov. Cette arrivée houleuse mettait fin à la première partie du Tour. Un transfert aérien jusqu'à Saint-Etienne précédait une journée de repos et une grande étape contre la montre avant d'aborder les Alpes.

Laurent Desbiens a sauvé la mise des Cofidis en s'imposant sur le tapis vert, tandis qu'on déroule le rouge devant Jan Ullrich, le nouveau roi du Tour. Le jeune Allemand ne paraît pas dépaysé par sa propre gloire. Programmé pour gagner...

Dès le départ de cette troisième et dernière étape pyrénéenne, on remontait le Port d'Envalira à l'envers... comme en 1964. Dans cette longue ascension jusqu'au Pas de la Case, Poulidor avait distancé Anquetil plus nettement que sur les pentes du Puy-de-Dôme sans en tirer profit. La méfiance, une fois encore, s'imposait, mais l'Allemand Ullrich, nouvellement promu au poste de leader, entendait assumer immédiatement son rôle de patron. Avec l'autorité que confère le maillot jaune et l'impétuosité de sa jeunesse, il n'hésita pas à intervenir pour enrayer les attaques des grimpeurs. En particulier celle de Virenque, qui songeait, bien sûr, au Grand Prix de la montagne. Du reste, le porteur du maillot à pois rouges passa de nouveau en tête au sommet de l'obstacle franco-andorran. On escaladait ensuite le col du Chioula, au-dessus d'Ax-les-Thermes, où Virenque glanait quelques points supplémentaires en précédant Brochard. Puis c'était la descente vers Perpignan par les routes des Corbières et du pays cathare, jalonnées de pièges. La course débridée et de nombreuses

C l a s s e m e n t 1 1ᵉ é t a p e				
ANDORRE - PERPIGNAN 192 KM		**Classement général**		**Classement par points**
1. Desbiens L. (COF)	5 h 5'5"	1. Ullrich J. (TEL)	60 h 6'17"	Zabel E. (TEL) 272 pts
2. Finco C. (MAG)	à 0"	2. Virenque R. (FES)	à 2'38"	
3. Outschakov S. (PLT)	à 0"	3. Olano A. (BAN)	à 4'46"	**Classement par équipes**
4. Moncassin F. (GAN)	à 18"	4. Riis B. (TEL)	à 4'53"	
5. Zabel E. (TEL)	à 18"	5. Pantani M. (MER)	à 5'29"	Festina 180 h 33'17"
6. Dufaux L. (FES)	à 18"	6. Escartin F. (KEL)	à 5'46"	**Meilleur grimpeur**
7. Baldato F. (MAG)	à 18"	7. Dufaux L. (FES)	à 6'2"	
8. Andreu F. (COF)	à 18"	8. Camenzind O. (MAP)	à 7'0"	Virenque R. (FES) 259 pts
9. Baffi A. (USP)	à 18"	9. Casagrande F. (SAE)	à 7'20"	
10. Pierobon G. (BAT)	à 18"	10. Vasseur C. (GAN)	à 7'31"	

Virenque contre un
démarrage de
Jaermann mais
Ullrich réplique
aussitôt

Virenque
devant le
peloton
groupé
①

Le peloton coupé
en deux, Riis
momentanément
piégé

Desbiens,
Outschakov
et Finco
s'échappent
à 14 km de
l'arrivée

1115m ANDORRE
1800m Soldeu
2407m Port d'Envalira
1430m l'Hospitalet
740m Ax-les-Thermes
1431m Col du Chioula ②
1215m Camurac ⑤
960m Belcaire
865m Coudons
265m Quillan ⑤
500m Col de Camperié ④
250m Saint-Paul-de-Fenouillet
80m Estagel
65m Cases de Pene
30m PERPIGNAN

0   16   25,5   43   60   71,5 81,5 89   104,5 116,5 130   148   166   175,5 **192 km**

ANDORRE | PYRÉNÉES-ORIENTALES | ARIÉGE | AUDE | PYRÉNÉES-ORIENTALES

Quand l'arrivée est encore trop éloignée ou que les positions en tête du classement général sont établies, les coureurs neutralisent quelquefois les premiers cols. Forts et faibles cheminent ensemble dans la montagne, solidaires après avoir été héroïques, ressoudés après s'être déchirés. A ce moment-là, seulement, c'est vrai que la montagne est belle.

escarmouches confirmèrent cette évidence. Une vigoureuse offensive de Gontchenkov, Peeters et Gaumont, à laquelle se mêla le pittoresque Américain Hincapie, provoqua une cassure qui rejeta Riis, Jalabert et Lino dans un deuxième peloton. L'allure était extrêmement rapide. Les quatre hommes rejoints, Museeuw, Saugrain, Poli, Dekker et Guesdon, le vainqueur de Paris-Roubaix, repartirent à l'assaut. C'est finalement à 14 kilomètres de l'arrivée que Desbiens, Outschakov et Finco lancèrent l'échappée décisive. L'Ukrainien, qu'on tient pour un redoutable finisseur – il avait battu Lance Armstrong à Revel en 1995 – coupa le premier la ligne... et l'effort de Desbiens par la même occasion. Considérant qu'il s'était déporté vers la gauche en vue de la banderole, les commissaires le rétrogradèrent au profit du Français. Ainsi, une nouvelle fois, la décision intervenait sur le tapis vert.

Dix-huit secondes plus tard, Moncassin devançait Zabel et remportait enfin un sprint... mais pour la quatrième place. Le

sprint des regrets.

Cédric-Cyrano

Tel père, tel fils. Plusieurs grandes familles du cyclisme ont illustré la formule. Les Masson, d'abord, qui s'appelaient tous deux Emile. Les Molinéris, ensuite, Pierre et Jean-Luc. Les Nijdam enfin, Henk et Jelle. Ils ont tous remporté des étapes du Tour de France à un quart de siècle d'intervalle. Les Vasseur viennent de prendre le relais.

Cédric n'était pas né quand Alain triompha en 1970 à Felsberg, sous l'antenne d'Europe 1, au terme d'une longue échappée solitaire. L'homme qui portait le maillot Bic n'imaginait pas que vingt-sept ans plus tard...

Le dossard 98 est entré dans la légende du Tour entre Chantonnay et La Châtre. Entre la Vendée profonde et la Vallée noire. Une belle aventure. Cent quarante-sept kilomètres seul en tête et le maillot jaune au bout de la route. Le rêve de sa vie pour sa troisième saison chez les professionnels. Spontanément adopté par le public qui aime les baroudeurs, Cédric Vasseur, encore peu connu des foules, découvrait brusquement la gloire naissante et la popularité. Ce jeune formé à l'école paternelle, selon la méthode nordiste, courait à l'ancienne. Il osait attaquer et n'avait pas peur de se battre. Son nom, son courage et sa conviction ont fait la « une » des journaux. A son propos, on pouvait évoquer Marinelli ou Barteau, mais Cédric Vasseur ne ressemble à personne, avec son cœur

« gros comme ça », sa clairvoyance de vieux routier, ses coups d'éclat un peu fous et ses ambitions raisonnables. Il savait parfaitement qu'il ne ramènerait pas le maillot jaune à Paris. Cependant, il se surpassa pour le défendre... et le défendit pendant plus de 1 000 kilomètres. Son comportement, aussi, aura été une révélation. Ce bleu du Tour ajoutant l'imagination à la volonté et la sérénité à l'enthousiasme a étonné l'opinion. Et surtout, il a épaté son directeur sportif Roger Legeay. Toutes ces vertus réunies n'ont certes pas provoqué de miracle, mais elles ont écrit une merveilleuse histoire dont nous avons particulièrement goûté le dénouement.

A la limite du point de rupture dans la montée d'Andorre-Arcalis, alors que son maillot jaune ne tenait plus qu'à un fil, il porta une ultime attaque en partant du principe qu'elle constituait le meilleur système de défense. Plus facile à dire qu'à faire. D'autres, à sa place, auraient baissé les bras. Pas lui. Il rassembla ses dernières molécules d'énergie pour tenter ce qu'on appellera un sursaut d'orgueil, un baroud d'honneur ou un coup de bluff et que Roger Legeay traduit par « un trait de génie ». Nous étions à 13 kilomètres du but. « Quand Ullrich m'a passé, un peu plus loin, il roulait trois fois plus vite que moi, avouera-t-il. Ça devait se terminer comme ça. Il n'était pas question que je m'incline sans réagir. »

« Ce garçon a beaucoup de qualités, remarquait Teun Van Vliet, un ancien détenteur du maillot jaune qui pilote aujourd'hui une voiture de l'organisation. Il a du tempérament et il est intelligent. Je m'interroge sur les raisons qui l'ont poussé à attaquer et je n'en retiendrai qu'une : le panache ! »

A Andorre, Cédric-Cyrano a gagné davantage qu'il n'a perdu. Il a gagné de nouveaux points de popularité.

Saint-Etienne ▶ Saint-Etienne ● ● ● ● ● ● ● ● ● ● ● ●

Ullrich creuse l'écart

Vainqueur des grimpeurs en haute montagne, Ullrich a retrouvé son terrain de prédilection pour triompher contre la montre à Saint-Etienne, au cours d'une étape clé qui a confirmé les progrès de Virenque et le fléchissement de Riis.

Cela sera France-Allemagne ! D'ordinaire réservé au football, le Tour de France « s'approprie » un duel inédit entre Richard Virenque et Jan Ullrich. Le très dur contre-la-montre de Saint-Etienne a confirmé qu'il s'agissait des deux hommes forts du peloton. Si le rouleur allemand a rejoint le grimpeur français, il ne l'a pas distancé. Disons 1-0 à la mi-temps.

Qu'est-ce qu'une épreuve de vérité ? C'est une étape comme celle-ci. La magistrale victoire de Jan Ullrich à Saint-Etienne donne tout son sens à cette formule inventée pour définir les « spéciales » contre la montre. En 55 kilomètres, l'Allemand a fait une nouvelle fois le vide autour de lui, repoussant Virenque, Riis et Olano à plus de 3 minutes. Il fallait s'y attendre. Sur un circuit aussi exigeant, tracé à travers le massif forestier du Pilat, toutes les conditions se trouvaient réunies pour que le formidable rouleur de l'équipe Telekom, doublé d'un grimpeur exceptionnel, réalise un exploit de première grandeur.

Le favori et le parcours ont tenu leurs promesses. Au commandement de bout en bout – il comptait déjà 7 secondes d'avance sur Virenque au dixième kilomètre –, Ullrich a survolé la course et n'a pas laissé la moindre chance à ses adversaires désarmés, qui perdirent régulièrement du terrain.

Classement 12e étape

SAINT-ÉTIENNE - SAINT-ÉTIENNE 55 KM		Classement général		Classement par points	
1. Ullrich J. (TEL)	1 h 16'24"	1. Ullrich J. (TEL)	61 h 22'41"	Zabel E. (TEL)	272 pts
2. Virenque R. (FES)	à 3'4"	2. Virenque R. (FES)	à 5'42"		
3. Riis B. (TEL)	à 3'8"	3. Olano A. (BAN)	à 8'0"	**Classement par équipes**	
4. Olano A. (BAN)	à 3'14"	4. Riis B. (TEL)	à 8'1"		
5. Pantani M. (MER)	à 3'42"	5. Pantani M. (MER)	à 9'11"	Telekom	184 h 37'19"
6. Casagrande F. (SAE)	à 3'56"	6. Escartin F. (KEL)	à 11'9"	**Meilleur grimpeur**	
7. Vandenbroucke F. (MAP)	à 4'44"	7. Casagrande F. (SAE)	à 11'16"		
8. Jaskula Z. (MAP)	à 4'50"	8. Dufaux L. (FES)	à 12'28"	Virenque R. (FES)	259 pts
9. Zberg B. (MER)	à 5'0"	9. Camenzind O. (MAP)	à 13'15"		
10. Boogerd M. (RAB)	à 5'4"	10. Lino P. (BIG)	à 14'16"		

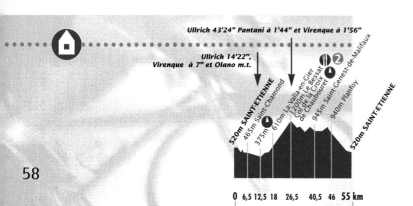

Ullrich 43'24" Pantani à 1'44" et Virenque à 1'56"

Ullrich 14'22", Virenque à 7" et Olano m.t.

520m SAINT-ETIENNE
465m Saint-Chamond
375m
610m La-Valla-en-Cier
1200m Le Bessat
Col de la Croix de Chaubouret
945m Saint-Genest-de-Malifaux
940m Planfoy
520m SAINT-ETIENNE

0 6,5 12,5 18 26,5 40,5 46 **55 km**

LOIRE

A mi-parcours, il précédait Pantani de près de 2 minutes, tandis que Virenque et Riis rétrogradaient inexorablement. Dans un style efficace qui associait la puissance et la souplesse – véritable secret de l'effort individuel –, le porteur du maillot jaune maintenait la pression sans faiblir un seul instant. Sa démonstration de force et sa trajectoire quasiment parfaite autorisaient les comparaisons les plus flatteuses.

Malgré son grand talent, on a toujours refusé à Richard Virenque le statut de favori eu égard à ses faiblesses dans l'exercice solitaire. Cette fois, le Varois aux jambes grêles a battu des spécialistes comme Olano et Riis, deux « Hercule » qui se sont brisé les cuisses dans le col de la Croix de Chaubouret.

Il rappelait le Merckx de la grande époque et le Miguel Indurain des meilleurs jours tout en affirmant sa propre personnalité. A 11 kilomètres de l'arrivée, il tomba sur le dos de Virenque parti 3 minutes avant lui, un Virenque qui allait néanmoins se classer deuxième de l'étape. Le Français parvint à garder pratiquement le contact en prenant un maximum de risques dans la descente vers Saint-Etienne. Au cours de ces 11 kilomètres, il ne concéda que 4 secondes, le fait doit être souligné. Il bénéficia du point de mire et l'on sait combien les repères sont importants dans une épreuve contre la montre. Mais il faut préciser qu'il avait perdu 2 minutes en 15 kilomètres sur les pentes de la Croix de Chaubouret. Reste qu'il a réussi le chrono le plus brillant de sa carrière et qu'il a encore étonné son monde par ses progrès constants. A l'image de Pantani, cinquième à 3'42", il était avantagé par le profil et par l'ascension d'un véritable col. Cependant il a fait preuve d'une détermination et d'une hargne qui témoignent d'un épanouissement caractéristique.

Riis, retardé par une crevaison au pied de la Croix de Chaubouret, Olano, Dufaux, Luttenberger et surtout Boardman, vingt-troisième à 6'45", étaient les principaux perdants de la journée, au même titre que l'ex-maillot jaune Cédric Vasseur, classé 139e à 10'59". En revanche, Casagrande, Vandenbroucke, Zberg, Brochard, deuxième Français (treizième), et Gouvenou avaient les honneurs du communiqué.

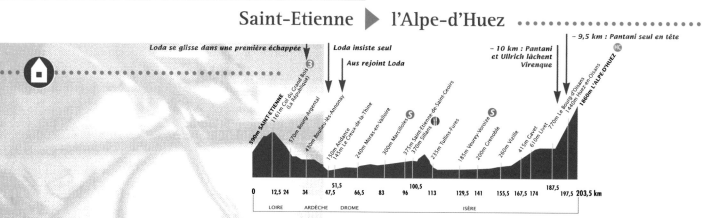

Saint-Etienne ▶ l'Alpe-d'Huez

Loda se glisse dans une première échappée

Loda insiste seul

Aus rejoint Loda

– 10 km : Pantani et Ullrich lâchent Virenque

– 9,5 km : Pantani seul en tête

Pantani surpasse Pantani

Champion des arrivées en altitude, l'Italien Marco Pantani a renouvelé au sommet de l'Alpe-d'Huez sa victoire de 1995, en battant un record qui lui appartenait. Un des grands exploits du Tour.

Tandis que Chris Boardman abandonne le Tour à l'arrière, Marco Pantani ressuscite sur l'Alpe-d'Huez, remontant, au sens propre comme au figuré, la pente. Victime d'un terrible accident dans Milan-Turin 1995, le petit Italien est resté sans courir pendant toute une année. Boardman aussi reviendra...

L'Alpe-d'Huez, la montagne des Hollandais, est en passe de devenir la montagne des Allemands, ou des Danois, si l'on en juge par le nombre de drapeaux rouges à croix blanche qui fleurissaient sur les pentes de l'Oisans... Une montagne européenne, finalement.

Mais, le samedi 19 juillet, le festival Pantani lui donnait les couleurs de l'Italie. Jamais le grimpeur chauve n'avait escaladé aussi vite l'obstacle aux vingt et un virages puisqu'il a gagné 25 secondes sur son temps record de 1994 : 37'35" contre 38 minutes juste.

Bien qu'il ait été handicapé les jours précédents par une bronchite, Pantani donna toute la mesure de son talent dans un exercice qu'il affectionne. Il se détacha dès les premiers lacets, à la sortie du Bourg-d'Oisans, en jaillissant d'un groupe réduit à cinq coureurs qui comprenait également Ullrich, Virenque, Riis et Casagrande. Son démarrage dynamita le peloton qui s'était reformé après avoir rejoint Aus et Loda, échappés dans la vallée. Cela se passait à la hauteur du deuxième virage. Nul ne fut en mesure de répondre à la brutalité de son estocade, ni le porteur du maillot jaune, irrésistible dans les Pyrénées, ni le détenteur du maillot à pois, qui évoluait pourtant sur son terrain préféré.

Dès lors, il ne faisait plus de doute que la course était jouée. Pantani, qui progressait entre deux haies de spectateurs de plus en plus denses, aug-

Classement 13ᵉ étape					
SAINT-ÉTIENNE - L'ALPE-D'HUEZ 203,5 KM		Classement général		Classement par points	
1. Pantani M. (MER)	5 h 2'42"	1. Ullrich J. (TEL)	66 h 26'10"	Zabel E. (TEL)	276 pts
2. Ullrich J. (TEL)	à 47"	2. Virenque R. (FES)	à 6'22"		
3. Virenque R. (FES)	à 1'27"	3. Pantani M. (MER)	à 8'24"	Classement par équipes	
4. Casagrande F. (SAE)	à 2'27"	4. Riis B. (TEL)	à 9'42"	Telekom	199 h 51'39"
5. Riis B. (TEL)	à 2'28"	5. Olano A. (BAN)	à 10'38"		
6. Zberg B. (MER)	à 2'59"	6. Casagrande F. (SAE)	à 12'56"	Meilleur grimpeur	
7. Bolts U. (TEL)	à 2'59"	7. Escartin F. (KEL)	à 14'36"		
8. Conti R. (MER)	à 2'59"	8. Camenzind O. (MAP)	à 16'59"	Virenque R. (FES)	299 pts
9. Madouas (LOT)	à 2'59"	9. Jimenez J. (BAN)	à 18'32"		
10. Jalabert L. (ONC)	à 3'22"	10. Dufaux L. (FES)	à 18'46"		

Comme en 1995, Richard Virenque a tenté de suivre la roue de Marco Pantani dans les pourcentages les plus durs de l'Alpe-d'Huez. Son orgueil naturel l'a conduit à l'asphyxie ! Jan Ullrich lui-même devait connaître la même mésaventure 1 kilomètre plus loin.

Echappée royale au pied de l'Alpe-d'Huez : Ullrich devant Virenque, Casagrande, Pantani et Riis.

menta son avance de façon régulière pour atteindre le ligne d'arrivée, à l'altitude 1860, avec 47 secondes d'avance sur Ullrich, lequel avait distancé Virenque, et 1'27" sur le Français, qui s'était débarrassé de Riis. Le Danois, à la peine, perdait 2'28". Evénement important : le verdict de l'Alpe-d'Huez, qui ne ment pas, confirmait les limites de l'ancien vainqueur du Tour, manifestement très éloigné de sa magnifique condition de l'an passé. Il terminait dans le sillage de l'excellent Casagrande, tandis que Zberg, Bolts, Conti et Madouas finissaient presque sur ses talons. Pour la première fois depuis Pau, Laurent Jalabert, dixième à 3'22", limitait les dégâts dans une étape de montagne. Des dégâts considérables, puisque quarante coureurs seulement rentraient en moins de 6 minutes. Au nombre des grands battus, on identifiait Luc Leblanc, soixante-dix-huitième à 10'35". Quant à Chris Boardman, vaincu par un mal de dos persistant, il avait abandonné au cinquante-quatrième kilomètre. Un personnage d'envergure, un de plus, quittait la caravane.

Le Bourg-d'Oisans ▶ Courchevel ·

Richard Cœur de Lion

Richard Virenque, le spécialiste des Pyrénées, s'est lancé à la conquête des Alpes. Il a signé une victoire qu'on peut tenir pour la plus belle de sa carrière, dimanche 20 juillet à Courchevel, une étape doublement inédite : dans le cadre du Tour de France et pour lui-même.

Fidèle à son panache et à... Bruno Roussel, Richard Virenque a placé toutes les attaques, passé tous les cols en tête, foncé « bille en tête » dans toutes les descentes. Grâce à lui, Jan Ullrich a connu son baptême de champion en lui résistant jusqu'au bout.

C'est vrai, les Pyrénées, avec leurs cols, conviennent théoriquement mieux que les obstacles savoyards à un puncheur de la montagne style Virenque, mais le possesseur du maillot à pois a considérablement enrichi son registre, il a gagné en polyvalence et sa « première » alpestre témoigne aujourd'hui d'un épanouissement qui se confirme d'année en année.

A cet égard, la victoire qu'il est allé chercher sur les hauteurs de Courchevel nous a paru largement méritée. Il aura tout tenté pour l'obtenir, attaquant loin du but, se détachant à la faveur des descentes pour compliquer la tâche d'Ullrich et effectuant une étincelante ascension finale en compagnie du

Classement 14ᵉ étape

LE BOURG-D'OISANS - COURCHEVEL 148 KM		Classement général		Classement par points	
1. Virenque R. (FES)	4 h 34'16"	1. Ullrich J. (TEL)	71 h 0'26"	Zabel E. (TEL)	282 pts
2. Ullrich J. (TEL)	à 0"	2. Virenque R. (FES)	à 6'22"		
3. Escartin F. (KEL)	à 47"	3. Olano A. (BAN)	à 11'6"	**Classement par équipes**	
4. Dufaux L. (FES)	à 1'19"	4. Riis B. (TEL)	à 11'30"		
5. Riis B. (TEL)	à 1'24"	5. Olano A. (BAN)	à 14'28"	Telekom	213 h 46'49"
6. Pantani M. (MER)	à 3'6"	6. Escartin F. (KEL)	à 15'23"	**Meilleur grimpeur**	
7. Casagrande F. (SAE)	à 3'36"	7. Casagrande F. (SAE)	à 16'32"		
8. Jimenez J. (BAN)	à 3'50"	8. Dufaux L. (FES)	à 20'5"	Virenque R. (FES)	399 pts
9. Olano A. (BAN)	à 3'50"	9. Jimenez J. (BAN)	à 22'22"		
10. Conti R. (MER)	à 4'41"	10. Conti R. (MER)	à 25'29"		

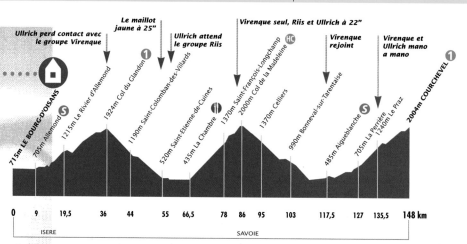

L'étape Le Bourg-d'Oisans-Courchevel a donné lieu à l'une des plus belles batailles en montagne de l'histoire du Tour. Elle le doit à l'ambition stratégique de l'équipe Festina, qui n'a pas hésité à lancer la course dès le pied du premier col. Ensuite, il n'y a plus jamais eu de temps mort.

champion allemand, le seul, au bout du compte, qui soit parvenu à garder le contact.

Il faut préciser que cette étape en creux et en bosses était dessinée sur mesure pour le leader de Festina. Cent quarante-huit kilomètres. Deux cols (très) durs, le Glandon et la Madeleine, avant d'aborder la rampe de Courchevel, longue de 23 kilomètres. Au total : 70 kilomètres de montées pour une dénivellation de 4 500 mètres. C'était vraiment un parcours idéal pour Virenque, qui en profita au maximum. D'autant qu'il fut remarquablement aidé par le travail intelligent de ses équipiers. Ils prirent les choses en main dès les premiers pourcentages du Glandon où Dufaux, Hervé et Brochard le portèrent vers le sommet, puis ils se lancèrent à fond dans la descente et furent bien inspirés puisque cette séquence devait révéler la seule véritable lacune du maillot jaune : une inaptitude flagrante à « dégringoler » sur l'autre versant des cols.

A l'inverse d'Ullrich, Virenque est un habile descendeur. Il se retrouva d'ailleurs seul au bas du Glandon, tandis que Bolts et Totschnig s'échinaient à ramener leur chef de file un instant distancé. Effectuant la course en tête de bout en bout, Virenque franchit le sommet de la Madeleine avec 22 secondes d'avance sur Ullrich, Riis et Escartin. Dufaux était pointé à 35 secondes et Pantani à... 4 minutes.

La montée de Courchevel donna lieu à de vigoureuses escarmouches. On vit même Riis démarrer à plusieurs reprises bien qu'il frôlât le surrégime – la marque du champion – mais, nous l'avons dit, Virenque eut le dernier mot. Ullrich resta dans son sillage. L'esprit d'équipe lui commandait de le neutraliser afin de ménager Riis en difficulté. L'homme aux pois rouges grimpa tout en force, à l'énergie et passa le premier la ligne. « Il méritait sa victoire », déclara simplement l'Allemand, qui n'avait pas disputé le sprint. Il méritait aussi le Prix de la combativité, patronné par... Cœur de Lion.

Un instant mis en difficulté dans la
descente du Glandon, Jan Ullrich a su
admirablement organiser la défense. Dans
le col de la Madeleine, deux tandems se
sont affrontés : en tête Richard Virenque
et Laurent Dufaux, poursuivis par le
maillot jaune et Bjarne Riis. Cette fois,
l'obstination altruiste du Danois a fait
pencher la balance du côté des Telekom.
Seul le combatif Espagnol Escartin a été
le témoin de leur affrontement.

Courchevel ▶ Morzine ·····························

Pantani pirate Riis

Quarante-huit heures après sa victoire sur les hauteurs de l'Alpe-d'Huez, Marco Pantani, le champion des arrivées en côte, a récidivé en remportant une étape de montagne traditionnelle. Une première pour l'Italien de Mercatone dans le Tour de France.

De deux choses l'une. Ou Pantani était moins handicapé par sa bronchite qu'il voulait le laisser croire, ou il récupère mieux qu'on ne le prétend. En difficulté, la veille, sur la route de

C l a s s e m e n t 1 5ᵉ é t a p e				
COURCHEVEL - MORZINE 208,5 KM		**Classement général**		**Classement par points**
1. Pantani M. (MER)	5 h 57'16"	1. Ullrich J. (TEL)	76 h 58'59"	**Zabel E. (TEL)** 288 pts
2. Virenque R. (FES)	à 1'17"	2. Virenque R. (FES)	à 6'22"	**Classement par équipes**
3. Ullrich J. (TEL)	à 1'17"	3. Pantani M. (MER)	à 10'13"	
4. Zberg B. (MER)	à 1'59"	4. Riis B. (TEL)	à 11'55"	**Telekom** 231 h 45'45"
5. Casagrande F. (SAE)	à 1'59"	5. Escartin F. (KEL)	à 16'5"	**Meilleur grimpeur**
6. Julich B. (COF)	à 1'59"	6. Olano A. (BAN)	à 16'40"	
7. Escartin F. (KEL)	à 1'59"	7. Casagrande F. (SAE)	à 17'14"	**Virenque R. (FES)** 517 pts
8. Riis B. (TEL)	à 2'6"	8. Jimenez J. (BAN)	à 23'42"	
9. Jimenez J. (BAN)	à 2'37"	9. Conti R. (MER)	à 28'20"	
10. Camenzind O. (MAP)	à 3'29"	10. Dufaux L. (FES)	à 29'46"	

Courchevel, il s'est magnifiquement repris pour terminer seul à Morzine. Le col de Joux-Plane, dont le point culminant était idéalement situé, à 12 kilomètres de l'arrivée, lui fournissait une superbe occasion de tenter un nouveau coup de force et Virenque, qui se l'est reproché, commit l'erreur de ne pas suffisamment y croire. Lorsqu'il passa la vitesse supérieure, l'Italien était hors de portée. Il avait attaqué à 6 kilomètres du sommet pour franchir le dernier col stratégique des Alpes avec 55 secondes d'avance et porter finalement son avance à 1'17". Derrière lui, ce fut la répétition de la fin de course à laquelle nous

Toujours lâché mais jamais battu, toujours en difficulté mais jamais défaillant, Abraham Olano a réussi le prodige de rester dans les premières places du classement général en subissant constamment la course. Derrière lui, le subtil et talentueux grimpeur italien Roberto Conti, qui va, lui, réussir la performance d'entrer dans les dix premiers à Paris en ayant tant sacrifié à son leader Marco Pantani (petite photo).

avions assisté le jour précédent. Virenque se détacha au plus fort de la rampe, entraînant dans son sillage un Ullrich vigilant et fidèle à une attitude qui allie prudence et sobriété. Le Français prit des risques tout au long de la descente vers Morzine afin de le distancer. En vain. Le porteur du maillot jaune, qui évoluait parfois à la limite de l'équilibre, s'efforça de respecter la trajectoire tracée par son lièvre. Il regagnait à la faveur des lignes droites les longueurs perdues dans les virages. On notera que, malgré sa détermination et sa virtuosité, Virenque concéda 22 secondes supplémentaires à Pantani. Ce détail donne une idée du final du Transalpin, qui ne se contente pas d'être un super-grimpeur. Son offensive astucieuse ne lui rapportait pas seulement un deuxième succès d'étape. Elle lui permettait de ravir la troisième place du classement général à Riis qui, de toute évidence, n'a pas apprécié. C'est donc une double victoire qu'obtenait le Pirate. Auparavant, Laurent Jalabert avait franchi en tête le col de Tamié, la Forclaz et la Croix-Fry au prix d'une courageuse échappée solitaire de 80 kilomètres. Preuve qu'il a récupéré quelques ressources et qu'il a du caractère. Nul n'en doutait.

Jalabert rejoint après
80 km d'échappée ①

① Pantani
s'envole

Jalabert
attaque

Avance
3"05' ②

1360m COURCHEVEL
1440m Méribel
500m Moûtiers
440m La Léchère
350m Tours-en-Savoie
370m Gilly-sur-Isère
907m Col de Tamié ⑤
540m Favergès
480m Vesonne ③
1157m Col de la Forclaz
630m Thônes
1477m Col de la Croix-fry ①
1090m La Clusaz
890m Le Grand-Bornand
1618m Col de la Colombière
470m Cluses
725m Côte de Châtillon
630m Taninges ③
680m Samoëns ⑤
1700m Col de Joux-Plane HC
965m MORZINE

0 5   20,5 29,5   44 53 62 71,5 76,5   85   106,5   119 125,5 130,5 143,5   162,5 170 174 183,5 196,5   208,5 km

SAVOIE   HAUTE-SAVOIE

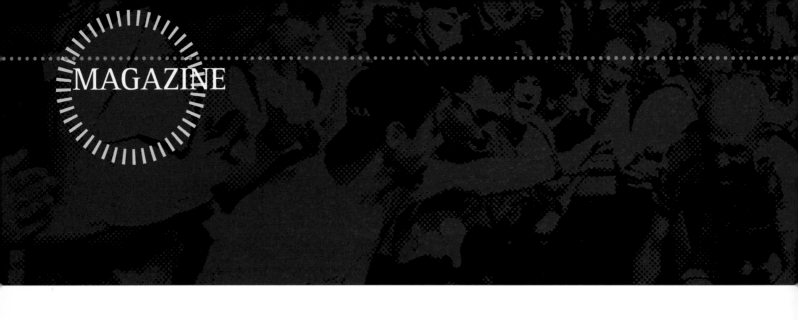
Le show(ve) Pantani

250 000 personnes ? 300 000 ?... Il est difficile d'évaluer avec précision le nombre de spectateurs qui s'agglutinaient dans les lacets de l'Alpe-d'Huez, mais ces chiffres doivent cerner d'assez près la réalité. Ils représentent l'équivalent d'une ville comme Rouen ou Saint-Etienne.

Le show Pantani a obtenu un énorme succès populaire qui sanctionne un remarquable exploit athlétique. En dépit d'une bronchite, le grimpeur chauve, qui est surtout l'homme d'une escalade, n'a pas laissé passer sa chance de renouer avec la victoire sur un terrain qu'il connaît bien, puisqu'il avait déjà triomphé au sommet de l'Alpe en 1995. Pour y parvenir, il n'a pas hésité à partir dès le pied de l'obstacle afin de creuser l'écart le plus rapidement possible sur le groupe Ullrich-Virenque et d'effectuer l'ascension à son rythme... l'aiguille du compte-tours dans la boîte à gants ! Ce coup d'éclat très spectacu-

laire et combien réconfortant le rendait à ses espérances, après une longue période de déboires qui l'apparentaient d'une certaine manière à notre confrère Jean-François Daraud, alias « Monsieur Scoumoune ». Une succession d'accidents et de chutes l'éloigna en effet pendant des mois des grands rendez-vous du cyclisme.

Mais, à l'Alpe-d'Huez, il sortait enfin du long tunnel et parlait de cette victoire providentielle comme d'une libération. La preuve : il gagnait encore, le surlendemain, à Courchevel. Et de la même façon. « Le meilleur Pantani est à venir », affirme pourtant le « Pirate ».

S'il en paraît davantage, il n'a que 27 ans – il est né en 1970 à Cesenatico, sur la côte adriatique – et il estime qu'il a encore deux ou trois saisons devant lui, voire davantage, pour remporter le Tour.

Morzine ▶ Fribourg ....

Mengin, la découverte

Un vainqueur inédit pour une étape franco-suisse inédite comportant un nouveau col... Le succès surprise du Français Mengin s'inscrit bien dans l'originalité du Tour 1997.

Le col de la Croix, escaladé pour la première fois dans le Tour de France, inspirait une méfiance justifiée, bien qu'il fût situé (en territoire suisse) à 90 kilomètres de l'arrivée à Fribourg. Ces 18 kilomètres à plus de 7 % donnaient à réfléchir. Ils prolongeaient une bataille des Alpes intense qui laissait des traces profondes dans les organismes et l'on se doutait qu'ils feraient de nouvelles victimes. On n'imaginait pas, en revanche, que l'obstacle mettrait en difficulté le maillot jaune. On n'imaginait pas davantage qu'il provoquerait la défaillance irrémédiable d'un Bjarne Riis à la limite de l'asphyxie. L'ancien vainqueur du Tour fut lâché le plus régulièrement du monde et, s'il perdit 6'12" sur un Pantani décidé à lui régler son compte, c'est la preu-

ve que le ressort était cassé. Le Danois, délogé de la troisième place, à l'Alpe-d'Huez, au profit du grimpeur chauve, rétrogradait à la septième et son retard dépassait les 18 minutes. Alerte moins sérieuse, mais alerte tout de même pour Ullrich, qui fléchit brusquement alors que l'on entamait le dernier kilomètre du col de la Croix. L'Allemand devait dissimuler sa souffrance depuis un bon moment. Heureusement pour lui, ses adversaires n'avaient pas réalisé qu'il « coinçait ». Distancé d'une quinzaine de secondes, il rétablit le contact dans la descente d'autant plus facilement que la conjoncture ne jouait pas en faveur de Virenque, momentanément isolé, Dufaux et Hervé ayant été lâchés du groupe de tête. Il ne pouvait rouler sans les plonger dans une situation inconfortable et s'exposer à des complications le cas échéant.

L'échappée finale de vingt-trois coureurs lancée par Heulot et Garmendia après les Diablerets se termina par la victoire au sprint de champion de France de cyclo-cross Christophe Mengin devant Franck Vandenbroucke. Une « première » dans ce Tour pour la Française des jeux, qui fit dire à Marc Madiot : « Nous découvrons notre style. » Mais l'équipe perdait le Suisse Gianetti : il abandonna en arrivant chez lui. Comme Jaermann.

Christophe Mengin et Stéphane Heulot, les deux complices de la Française des jeux, ont sauvé la mise de leur équipe. Le champion de France de cyclo-cross a repris à son compte la formule éprouvée par son équipier Frédéric Guesdon sur la piste du vélodrome de Roubaix : un démarrage surpuissant aux 400 mètres qui laisse tous ses rivaux décontenancés.

Classement 16e étape

MORZINE - FRIBOURG 181 KM		Classement général		Classement par points	
1. Mengin C. (FDJ)	4 h 30'11"	1. Ullrich J. (TEL)	81 h 29'10"	Zabel E. (TEL)	288 pts
2. Vandenbroucke F. (MAP)	à 0"	2. Virenque R. (FES)	à 6'22"		
3. Virenque R. (FES)	à 0"	3. Pantani M. (MER)	à 10'13"	Classement par équipes	
4. Pierobon G. (BAT)	à 0"	4. Escartin F. (KEL)	à 16'5"		
5. Dufaux L. (FES)	à 0"	5. Olano A. (BAN)	à 16'40"	Telekom	245 h 16'18"
6. Casagrande F. (SAE)	à 0"	6. Casagrande F. (SAE)	à 17'14"	Meilleur grimpeur	
7. Olano A. (BAN)	à 0"	7. Riis B. (TEL)	à 18'7"		
8. Bolts U. (TEL)	à 0"	8. Jimenez J. (BAN)	à 23'42"	Virenque R. (FES)	527 pts
9. Pantani M. (MER)	à 0"	9. Conti R. (MER)	à 28'20"		
10. Rodrigues O. (BAN)	à 0"	10. Dufaux L. (FES)	à 29'46"		

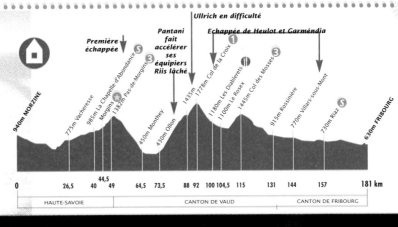

Première
échappée

Pantani
fait
accélérer
ses
équipiers
Riis lâché

Ullrich en difficulté

Echappée de Heulot et Garméndia

940m MORZINE
775m Vacheresse
985m La Chapelle-d'Abondance
1382m Pas-de-Morgins
Morgins
450m Monthey
430m Ollon
1435m
1778m Col de la Croix
1180m Les Diablerets
1100m Le Rosex
1445m Col des Mosses
915m Rossinière
770m Villars-sous-Mont
730m Riaz
630m FRIBOURG

0   26,5 40 49   64,5 73,5   88 92 100 104,5 115   131   144   157   181 km
         44,5

HAUTE-SAVOIE   CANTON DE VAUD   CANTON DE FRIBOURG

Fribourg ▶ Colmar ....

Neil Stephens, équipier et gagneur

Après Hubert Opperman, le pionnier des années vingt, et Phil Anderson, qui ajouta le maillot jaune à deux victoires d'étapes, l'Australien Neil Stephens est entré dans l'histoire du Tour en gagnant à Colmar.

Neil Stephens, qui met habituellement ses talents de rouleur au service des autres, s'est enfin décidé à travailler pour son propre compte et ce bon de sortie exceptionnel lui a permis d'obtenir, à 33 ans, la plus belle victoire de sa carrière. Un succès aussi sympathique qu'inattendu. Une victoire qui le récompense de son dévouement et de ses mérites, mais qui n'a pas seulement une valeur sentimentale. Pour gagner à Colmar, dans la capitale des vins d'Alsace, cet équipier de l'ombre, le « domestique le plus respecté du peloton », n'a bénéficié d'aucune complaisance.

Classement 17ᵉ étape					
FRIBOURG - COLMAR 218,5 KM		**Classement général**		**Classement par points**	
1. Stephens N. (FES)	4 h 54'38"	1. Ullrich J. (TEL)	86 h 27'46"	Zabel E. (TEL)	304 pts
2. Camenzind O. (MAP)	à 3"	2. Virenque R. (FES)	à 6'22"		
3. Ekimov V. (USP)	à 3"	3. Pantani M. (MER)	à 10'13"	**Classement par équipes**	
4. Roux L. (TVM)	à 3"	4. Escartin F. (KEL)	à 16'5"		
5. Dekker E. (RAB)	à 3"	5. Olano A. (BAN)	à 16'40"	Telekom	260 h 8'13"
6. Pascual J. (KEL)	à 3"	6. Casagrande F. (SAE)	à 17'14"		
7. Julich B. (COF)	à 3"	7. Riis B. (TEL)	à 18'7"	**Meilleur grimpeur**	
8. Outschakov S. (PLT)	à 3"	8. Jimenez J. (BAN)	à 23'42"		
9. Farazijn P. (LOT)	à 3"	9. Conti R. (MER)	à 28'20"	Virenque R. (FES)	527 pts
10. Mengin C. (FDJ)	à 3"	10. Dufaux L. (FES)	à 29'46"		

Entre Fribourg et Colmar, Bolts et Riis, le maillot jaune s'est accordé une étape « sabbatique ». Devant, l'Australien Neil Stephens n'a pas chômé. L'ancien lieutenant de Laurent Jalabert passé au service de Richard Virenque a cette fois travaillé pour son propre compte. Il s'est dégagé de son groupe d'échappé avec une autorité et un instinct de gagneur. A 33 ans, il n'est pas trop tard pour prendre exemple sur Pino Cerami, équipier fidèle de Fausto Coppi et de Rik Van Looy, qui, la quarantaine venant, s'est mué en redoutable chasseur de classiques.

Il a su faire preuve de clairvoyance et d'audace, démontrant en la circonstance que sa qualité foncière dépassait largement celle du simple *gregario*.

Premier attaquant du jour – il avait franchi en tête le col de Pierre-Pertuis –, Neil Stephens fut encore l'homme des derniers mètres après avoir contré des finisseurs toujours redoutables comme Outschakov ou Mengin aux approches de Colmar. L'Australien possédait suffisamment de ressources pour sortir, à 3 kilomètres de l'arrivée, du groupe des treize coureurs qui occupaient le commandement depuis plus de 150 kilomètres. Mais, s'il a triomphé, c'est aussi grâce à son cran, son esprit de décision et son opportunisme dans le meilleur sens du terme. Ce n'était pas simple de surprendre Ekimov, Podenzana, Mengin, Camenzind, Laurent Roux et Dekker. Il l'a fait.

Une précision concernant les capacités de rouleur du « domestique » de Festina. Champion d'Australie de poursuite, il avait établi, en son temps, le record du monde de l'heure sur piste couverte avec une distance de 47,227 km. C'était il y a dix ans.

A souligner la moyenne de l'étape : 44,495 km/h.

Stephens est le premier à se dégager

Une échappée de 13 coureurs se forme autour de Stephens

7' avance maximale

Le peloton, battu, se relève

Stephens sort de l'échappée à 3 km de la ligne

690m FRIBOURG
550m Laupen
530m Gurbrü
510m Bargen
480m Bienne
827m Col de Pierr.
930m Côte de L.
470m Bassecourt
875m Côte de Devel.
540m Ferrette
350m Werentzhouse
430m Folgensbourg
240m Kembs
220m Hombourg
220m Ottmarsheim
220m Blodelsheim
205m Helfeten
194m COLMAR

| 0 | 11 | 21 | 31,5 | 42,5 | | 61,5 | 70 | | 86,5 | | 104,5 | | 122,5 | 128,5 | 136,5 | | 158,5 | 167 | 170,5 | 182 | 192,5 | | 218,5 km |

| CANTON DE FRIBOURG | CANTON DE BERNE | CANTON DU JURA | HAUT-RHIN |

Le tour de Rous

A trois de jours de Paris, l'étape des Vosges, qui comportait l'ascension du Ballon de Guebwiller, ou Grand Ballon, et la première plate-forme du Ballon d'Alsace, a mis Ullrich à rude épreuve. Une occasion dont les Festina n'ont pas tiré profit en dépit de leur victoire.

Sacha Guitry, qui possédait le sens des formules, déclara à l'issue d'une générale particulièrement brillante : « Ce soir, le public avait du talent. »

Le public du Tour de France a du talent. C'est un public de connaisseurs, de passionnés, qui réagit bien et qui a trouvé dans une course exaltante les raisons de s'enthousiasmer. Les records d'affluence ont été souvent battus. On n'aurait jamais vu autant de spectateurs sur la route des Crêtes, où les Allemands étaient venus en force si l'on en juge par l'abondance des drapeaux noir-jaune-rouge, aussi nombreux que les pancartes destinées à Virenque. La proximité de Merdingen, ville d'adoption de Jan Ullrich, n'était évidemment pas étran-

gère à ce déferlement. En l'occurrence, les habitants des Vosges... et de la Forêt-Noire assistèrent au coup de théâtre de l'avant-dernier acte : le maillot jaune distancé sur les pentes du Markstein, premier étage du Grand Ballon, puis sur celles du Hundsruck, qui culmine seulement à 750 mètres, mais qui aurait pu changer la face du Tour. Ayant attaqué à plusieurs reprises avec Pantani, Virenque mit son rival direct en difficulté, puisque celui-ci, déjà distancé dans le Markstein,

Pour les Festina, le 14 Juillet, c'est tous les jours ! Didier Rous et Pascal Hervé (petite photo) ont réussi le doublé, après que Richard Virenque eut mis Jan Ullrich au supplice dans les cols vosgiens. Une telle euphorie offensive nous restitue le souvenir flamboyant des Renault Gitane de Laurent Fignon (1984), des Pelforth Sauvage légère de Georges Groussard (1964), des régionaux du Centre-Midi.

Classement 18ᵉ étape

COLMAR - MONTBÉLIARD 175,5 KM		Classement général		Classement par points	
1. Rous D. (FES)	4 h 24'48"	1. Ullrich J. (TEL)	90 h 58'3"	Zabel E. (TEL)	314 pts
2. Hervé P. (FES)	à 5'9"	2. Virenque R. (FES)	à 6'22"		
3. Julich B. (COF)	à 5'10"	3. Pantani M. (MER)	à 10'13"	Classement par équipes	
4. Roux L. (TVM)	à 5'10"	4. Escartin F. (KEL)	à 16'5"		
5. Casero A. (BAN)	à 5'10"	5. Olano A. (BAN)	à 16'40"	Telekom	273 h 39'4"
6. Robin J. (USP)	à 5'10"	6. Casagrande F. (SAE)	à 17'14"	Meilleur grimpeur	
7. Dufaux L. (FES)	à 5'12"	7. Riis B. (TEL)	à 18'7"		
8. Nardello D. (MAP)	à 5'14"	8. Jimenez J. (BAN)	à 23'42"	Virenque R. (FES)	574 pts
9. Beltran M. (BAN)	à 5'14"	9. Conti R. (MER)	à 28'20"		
10. Madouas L. (LOT)	à 5'16"	10. Dufaux L. (FES)	à 29'29"		

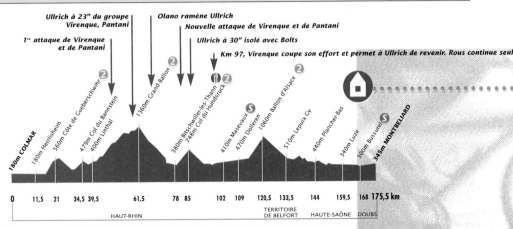

Ullrich à 23" du groupe Virenque, Pantani

1ʳᵉ attaque de Virenque et de Pantani

Olano ramène Ullrich

Nouvelle attaque de Virenque et de Pantani

Ullrich à 30" isolé avec Bolts

Km 97, Virenque coupe son effort et permet à Ullrich de revenir. Rous continue seul

180m COLMAR · 180m Herrlisheim · 560m Côte de Gueberschwihr · 479m Col du Bannstein · 400m Linthal · 1360m Grand-Ballon · 380m Bitschwiller-les-Thann · 748m Col du Hundsruck · 410m Masevaux · 470m Dolleren · 1060m Ballon d'Alsace · 510m Lepuix Gy · 440m Plancher-Bas · 340m Luze · 300m Bussurel · 345m MONTBÉLIARD

0 · 11,5 · 21 · 34,5 · 39,5 · 61,5 · 78 · 85 · 102 · 109 · 120,5 · 133,5 · 144 · 159,5 · 168 · 175,5 km

HAUT-RHIN · TERRITOIRE DE BELFORT · HAUTE-SAÔNE · DOUBS

C'était impossible. Il l'a tenté. Richard Virenque a sauté sur l'occasion, sur Laurent Jalabert attaquant tambour battant les premiers cols vosgiens. Pour la première fois, le maillot jaune, rejeté à près d'une minute d'un groupe comprnant tous les ténors, s'est trouvé en réelle difficulté. Hélas, personne n'a voulu rouler avec le Français, personne n'a souhaité prendre position entre les deux « grands ». Magnanime, Virenque a décidé de jouer la victoire d'étape en favorisant ses deux équipiers, Didier Rous et Pascal Hervé.

accusait au sommet du Hundsruck un retard de 30 secondes sur le groupe de tête, où figuraient Dufaux, Casagrande, Escartin, Olano, Rodrigues, Julich, Hervé et Rous et... Laurent Jalabert. C'est ce dernier, précisons-le, qui avait déclenché les hostilités en début d'étape.

De surcroît, Ullrich était dangereusement isolé. Il ne restait plus à ses côtés que Bolts pour le ramener. Ce qu'il fit, au prix d'une épuisante poursuite. Sans doute Virenque n'a-t-il pas su ou pas pu exploiter la situation. Constatant que Casagrande, Olano, Escartin et Jimenez ne soutenaient pas son action, il décida de couper son effort et de favoriser la victoire d'un de ses équipiers. Didier Rous se lança alors dans une échappée solitaire de 80 kilomètres et atteignit Montbéliard avec une avance supérieure à 5 minutes, tandis que Pascal Hervé prenait la seconde place. Un nouveau triomphe pour l'équipe Festina qui dissimulait peut-être une fausse manœuvre.

Montbéliard ▶ Dijon ....

Traversoni, le troisième homme

Encore une arrivée litigieuse, encore des déclassements... Une décision extravagante a offert à l'Italien Traversoni sa première victoire dans le Tour.

Lorsqu'il remporta le sprint pour la troisième place, 26 secondes après que Voskamp et Heppner eurent franchi la ligne d'arrivée, l'Italien Mario Traversoni n'imaginait certainement pas qu'il serait déclaré vainqueur, quelques instants plus tard, de l'étape Montbéliard-Dijon. Ce résultat invraisemblable, aberrant sur le plan sportif, vient s'ajouter à la liste déjà longue des faits divers du Tour 1997 et s'inscrit dans la spirale d'une répression intensive. Les commissaires, qui sanctionnent à tour de bras, ont fait fort, cette fois, en déclassant purement et simplement les deux premiers. Certes, le sprint « pour la gagne » n'était pas un modèle de classicisme. Voskamp dévia de sa trajectoire et Heppner, réalisant qu'il était battu, vint se coller contre lui ; mais il convenait d'évaluer les responsabilités de chacun et de s'attacher davantage à l'esprit qu'à la lettre. En disqualifiant les deux animateurs du jour selon un jugement digne des plaideurs du bon La Fontaine, le jury a privé Voskamp d'une victoire méritée, car la faute était vénielle, et il a récompensé arbitrairement un coureur qui ne la méritait pas, puisqu'il était régulièrement distancé.

Les deux hommes de tête comptaient, répétons-le, près d'une demi-minute d'avance sur leurs poursuivants, qu'ils avaient distancés à 26 kilomètres du but (cela revient à dire qu'ils creusèrent un écart d'une seconde au kilomètre). C'était l'ultime épisode d'une échappée au long cours – 170 kilomètres – déclenchée par Prétot. Elle rassemblait quatorze coureurs dont Ekimov, Sörensen, Outschakov, François Simon, Dekker, Traversoni, bien sûr, et Bourguignon, qualifié de régional par les humoristes. François Simon, lancé à la recherche d'une victoire d'étape pour se hisser à la hauteur de ses trois frères, Pascal, Régis et Jérôme, passa la ligne en cinquième position, mais se retrouva finalement deuxième, les commissaires ayant aussi déclassé Van Petegem. Malgré ses qualités de finisseur, il lui aurait été difficile de devancer Traversoni – troisième du classement par points – qui faillit battre Cipollini au sprint dans le Championnat d'Italie l'an passé.

Mario Traversoni a terminé troisième à 26 secondes des deux premiers. Et il est monté sur le podium pour recevoir le bouquet du vainqueur... A l'issue d'un coude-à-coude plus langoureux que féroce, Bart Voskamp a eu raison de l'insistance de Jens Heppner. On appelle cela « frotter ». Puritains, les commissaires ont estimé qu'il y avait eu atteinte aux bonnes mœurs, et ils ont sanctionné ce « gros câlin » à 60 kilomètres/heure.

Classement 19e étape

MONTBÉLIARD - DIJON 172 KM		Classement général		Classement par points	
1. Traversoni M. (MER)	à 26"	1. Ullrich J. (TEL)	95 h 19'17"	**Zabel E. (TEL)**	320 pts
2. Simon F. (GAN)	à 26"	2. Virenque R. (FES)	à 6'22"		
3. Saligari M. (CSO)	à 26"	3. Pantani M. (MER)	à 10'13"	Classement par équipes	
4. Henn C. (TEL)	à 26"	4. Escartin F. (KEL)	à 16'5"		
5. Ekimov V. (USP)	à 26"	5. Olano A. (BAN)	à 16'40"	**Telekom**	286 h 7'18"
6. Bourguignon T. (BIG)	à 26"	6. Casagrande F. (SAE)	à 17'14"	Meilleur grimpeur	
7. Dekker E. (RAB)	à 26"	7. Riis B. (TEL)	à 18'7"		
8. Knaven S. (TVM)	à 26"	8. Jimenez J. (BAN)	à 23'42"	**Virenque R. (FES)**	574 pts
9. Outschakov S. (PLT)	à 26"	9. Conti R. (MER)	à 28'20"		
10. Voskamp B. (TVM)	en 4 h 3'17"	10. Dufaux L. (FES)	à 29'29"		

Prétot attaque dès le départ · **14 coureurs se regroupent dans l'échappée** · **Voskamp et Heppner sortent du groupe**

320m MONTBELIARD · 385m Arcey · 320m Crevans · 300m Villargent · 270m Esprels · 280m Cognières · 268m Loulans-les-Forges · 290m Rioz · 335m Côte des Roselières · 220m Bucey-lès-Gy · 260m Bonboillon · 275m Chaumercenne · 200m Cléry · 190m Pontailler-sur-Saône · 210m Etevaux · 240m Arc-sur-Tille · 280m DIJON

0 · 11 · 22 · 30,5 · 40 · 50 · 59 · 70 · 79,5 · 95,5 · 110 · 118 · 130 · 136,5 · 146 · 156 · 172 km

DOUBS · HAUTE-SAÔNE · JURA · CÔTE-D'OR

Les années 7

Le chiffre 7 a valeur de symbole et, depuis soixante ans, les « années 7 » correspondent dans le Tour de France à des millésimes importants en raison d'un résultat exceptionnel ou d'une innovation marquante. Rappelez-vous...

1937. Roger Lapébie est le premier vainqueur équipé d'un dérailleur, dont l'emploi est enfin généralisé. Evoquant cette épreuve vieille de soixante ans, l'historien Pierre Miquel a consacré au Tour de France 1937 replacé dans le contexte de l'époque un livre intitulé *1937. Au lendemain du Front populaire.*

1947. Reprise du Tour de France après une interruption de sept ans consécutive à la guerre. René Vietto rate sa dernière chance de ramener le maillot jaune à Paris. Jean Robic gagne le Tour à 130 kilomètres de Paris (« miracle de Bonsecours ») sans avoir porté le maillot jaune.

1957. Première participation et victoire de Jacques Anquetil (23 ans).

1967. Création du prologue. Victoire de Roger Pingeon avec l'aide de Raymond Poulidor, son partenaire de l'équipe de France. Victoire de Poulidor dans la dernière étape contre la montre. Dernière arrivée au Parc des Princes.

1977. Doublé de Bernard Thévenet.

1987. Départ de Berlin, victoire exceptionnelle d'un Irlandais, également vainqueur du Giro et du Championnat du monde : Stephen Roche.

1997. Départ de Rouen dans le cadre du Souvenir Jacques-Anquetil. Première victoire allemande : Jan Ullrich.

Pèlerinages

Le Tour de France des pèlerinages a relié Quincampoix, le village où repose Jacques Anquetil, à Saint-Méen-le-Grand, la ville natale de Louison et Jean Bobet, mais aussi de Francis Pipelin et de Frédéric Guesdon... Quincampoix, où Cipollini a remporté le premier sprint bonifications, et Saint-Méen-le-Grand, où le musée Louison-Bobet ouvrait ses portes aux suiveurs...

La route, qui cessait d'être normande pour devenir bretonne, a traversé Mellé et Saint-Georges-de-Reintembault, des noms auxquels s'attache celui d'Albert Bouvet. Avant de pénétrer dans le secteur des Granitiers bretons, principale région productrice des pavés du Nord – donc de Paris-Roubaix –, elle avait replacé Eugène Letendre, présent dans la course, sur les itinéraires de son adolescence, du côté de Louvigné-du-Désert et de Saint-Hilaire-du-Harcouët. Les épaisses murailles du château de

Combourg, imprégnées des *Mémoires d'outre-tombe,* se profilaient à l'horizon. D'un château à l'autre, aurait dit Pagnol, on enchaînait avec celui de Josselin, superbe, après avoir longé la forêt de Brocéliande. Et, à Josselin, on était tout près de Radenac, le bourg qui abrita l'enfance de Jean Robic. Tandis que l'on évoquait la mémoire de trois champions de l'Ouest vainqueurs du Tour (un Normand, deux Bretons), on apprenait la disparition du Toulousain Georges Gay, un brave parmi les braves, modèle de courage et de gentillesse, qui fut un personnage du peloton au temps des équipes régionales. Père spirituel de Jalabert et de Moncassin, il s'était classé deuxième de l'étape de Rouen, en 1957, derrière Jacques Anquetil... mais devant Nencini.

Il y a deux ans, Fabio...

En 1995, Fabio Casartelli trouvait la mort dans la descente du Portet-d'Aspet. Le peloton s'est arrêté, le mardi 15 juillet, devant la stèle élevée à sa mémoire, sur les pentes boisées du col pyrénéen. L'émotion était grande chez les coureurs. Certains pleuraient et Marco Pantani retenait ses larmes. Par pudeur, il n'osa pas embrasser les parents et l'épouse de Fabio, qui étaient accompagnés par trente-six cyclotouristes venus d'Italie à vélo. La Société du Tour de France avait fait déposer une gerbe devant la stèle.

Chroniques espagnoles

Les « ex-Tour de France » rejoignent chaque année la caravane des suiveurs et forment un deuxième peloton d'une densité impressionnante. Au nombre de ces observateurs qui redécouvrent la grande épreuve côté salle de presse, le Néerlandais Teun Van Vliet, néo-pro du Tour 1997 en qualité de pilote au service de l'organisation, a retrouvé son compatriote Jacques Hannegraaf ainsi que Pierre Bazzo, Eric Caritoux, Jean-Claude Bagot, Eric Boyer, Jean Stablinski, son fils Jacques, Augustin Corteggiani, Maurice Moucheraud, Jean-Claude Bagot, Christian Jourdan, Charly Mottet, Robert Lelangue, Bruno Wojtinek, Maurice Le Guilloux, d'autres encore, et deux anciens champions reconvertis dans le journalisme : Philippe Bouvatier et Pello Ruiz-Cabestany. Lequel conjuguait deux activités : pilote de la course et chroniqueur, le soir, à l'étape. L'excellent routier espagnol, qui rédigeait chaque soir un papier magazine, regroupera les articles qu'il a écrits depuis dix ans dans un livre à paraître prochainement.

Disneyland Paris ▶ Disneyland Paris ·······························

Olano retrouvé

Les trois premiers de l'étape peuvent être considérés comme autant de vainqueurs : Olano a retrouvé sa place, Ullrich a consolidé la sienne et Gaumont en a gagné... 136 par rapport à son classement général.

Ce Tour de France anticonformiste devait cultiver l'insolite jusqu'au bout. Ainsi, Abraham Olano, vainqueur de la longue étape contre la montre de Disneyland, a partagé la vedette avec... la lanterne rouge, Philippe Gaumont, qui provoqua la surprise du jour en prenant la troisième place à une minute et des poussières, dans le sillage immédiat de Jan Ullrich.

Par le passé, Pierre Matignon avait triomphé au sommet du Puy de Dôme, après avoir frisé l'élimination ; mais il s'agissait d'une étape en ligne et le plus inattendu des outsiders s'était présenté au pied du volcan d'Auvergne avec une grosse avance. L'exploit de Gaumont – c'en est un – se situe dans un contexte différent. Il prouve que la vérité, même en cyclisme, est parfois invraisemblable. Il démontre aussi qu'on peut occuper la dernière place du classement général et terminer le Tour avec des réserves. Quoi qu'il en soit, Gaumont a « fait un truc » qui n'était pas du cinéma. La performance de l'Espagnol Olano répond quant à elle aux espérances de son entourage et obéit à une évidente logique.

L'ancien champion du monde, en retrait dans un Tour de France dont il était l'un des grands personnages, s'est retrouvé à la faveur d'une spécialité qui est la sienne. En 63 kilomètres couverts à 49,759 km/h de moyenne, le rouleur de la Banesto, qui évoluait dans le « style Indurain », a repoussé Ullrich à 45 secondes, Virenque à 3'32" et Pantani à 4'35". Un Pantani devancé par Christophe Moreau, Julich, Dekker, Brochard, Dufaux, Kasputis, Ekimov, Camenzind, Meinert-Nielsen et... Laurent Jalabert. Le parcours traversant les plaines de la Brie favorisait les rouleurs authentiques au détriment des grimpeurs et Ullrich, de préférence à Virenque. Mais le porteur du maillot jaune a payé les fatigues accumulées depuis les Alpes. Sa prestation ne reflète pas sa qualité foncière ; comparée à celle de Saint-Emilion l'an passé, elle établit la différence entre le leader qui supporte le poids de la course et le coureur libre de ses mouvements qui n'a rien à perdre. Dans cet exercice difficile, l'Allemand n'a cependant pas déçu, bien au contraire.

Entre le maillot jaune et son dauphin, la paix est signée (petite photo). Un Olano retrouvé après beaucoup de temps perdu ! Toujours dominé dans ce tour, souvent besogneux mais jamais découragé, le rouleur espagnol termine l'épreuve à la quatrième place. Sa régularité lui a permis de devancer Escartin et Casagrande, Riis et Dufaux, pourtant plus incisifs et présents que lui à l'avant de la course.

Classement 20ᵉ étape

DISNEYLAND - DISNEYLAND 63 KM		Classement général		Classement par points	
1. Olano A. (BAN)	1 h 15'57"	1. Ullrich J. (TEL)	96 h 35'59"	Zabel E. (TEL)	320 pts
2. Ullrich J. (TEL)	à 45"	2. Virenque R. (FES)	à 9'9"		
3. Gaumont P. (COF)	à 1'12"	3. Pantani M. (MER)	à 14'3"	Classement par équipes	
4. Julich B. (COF)	à 2'24"	4. Olano A. (BAN)	à 15'55"	Telekom	290 h 7'42"
5. Dekker E. (RAB)	à 2'39"	5. Escartin F. (KEL)	à 20'32"		
6. Moreau C. (FES)	à 2'56"	6. Casagrande F. (SAE)	à 22'47"	Meilleur grimpeur	
7. Brochard L. (FES)	à 3'10"	7. Riis B. (TEL)	à 26'34"	Virenque R. (FES)	579 pts
8. EDufaux L. (FES)	à 3'11"	8. Jimenez J. (BAN)	à 31'17"		
9. Virenque R. (FES)	à 3'32"	9. Dufaux L. (FES)	à 31'55"		
10. Kasputis A. (CSO)	à 3'48"	10. Conti R. (MER)	à 32'26"		

Olano: 19'40"
McEwen à 22"
Ullrich m.t.

Olano: 34'26"
Ullrich à 18"
Julch à 48"

Olano: 57'40""
Ullrich à 30"
Gaumont à 1'11"

150m DISNEYLAND PARIS
150m Bailly-Romainvilliers
80m Villiers-sur-Morin
140m Côte de Libernon
90m Moroux
170m Côte de Coulommiers
160m Giremoutiers
170m Sancy-les-Meaux
175m Coulommes
130m Bouleurs
80m Couilly-Pont-aux-Dames
75m Montry
125m Magny-le-Hongre
150m DISNEYLAND PARIS

0   5   10   15,5   22,5   29   36,5   43,5 46 48   52   55   58   63 km

SEINE-ET-MARNE

Lancé à la poursuite de Richard Virenque parti trois minutes avant lui, Jan Ullrich se retourne derrière lui, d'où ne peut surgir aucun danger. Le jeune Allemand débute dans la profession de leader, mais il apprendra vite que personne ne s'élance derrière le maillot jaune.

Disneyland Paris ▶ Paris-Champs-Elysées ....

La promesse de Minali

En triomphant sur les Champs-Elysées, devant le porteur du maillot vert Erik Zabel, Minali a porté à sept le nombre de victoires italiennes. Un score identique à celui de 1952, la grande année de Coppi

Vainqueur au Puy-du-Fou pour 4 millimètres, Marco Minali n'a pas toujours besoin de la « photo-final » pour s'imposer. Probablement émoussé par son dévouement au maillot jaune, Erik Zabel n'a rien pu faire contre la petite catapulte italienne. Pour Frédéric Moncassin, la série noire continue... Jan Ullrich ou un « Allemand à Paris ».

L'étape des Champs-Elysées reste l'une des plus convoitées et c'est l'Italien Nicola Minali, déjà vainqueur au Puy-du-Fou, qui a eu le dernier mot. Ce dernier mot correspondait à une promesse. « Aujourd'hui, je gagne ! » avait dit le routier-sprinter de l'équipe Batik à son directeur sportif Guido Bontempi, avant le départ de Disneyland. Pourtant, il ne connaissait pas cette arrivée sur la « plus belle avenue du monde » (où Bontempi, justement, avait gagné en 1986) mais il était habité par la détermination et le terrain convenait à son style de finisseur véloce.

Extrêmement calme durant sa première partie, l'ultime étape du Tour s'anima au cœur de Paris. Tafi et Chanteur d'abord,

C l a s s e m e n t   2 1ᵉ   é t a p e

DISNEYLAND - PARIS-CHAMPS 149,5 KM		Classement général		Classement par points	
1. Minali N. (BAT)	3 h 54'36"	1. Ullrich J. (TEL)	100 h 30'35"	Zabel E. (TEL)	350 pts
2. Zabel E. (TEL)	à 0"	2. Virenque R. (FES)	à 9'9"		
3. Vogels H. (GAN)	à 0"	3. Pantani M. (MER)	à 14'3"	Classement par équipes	
4. Blijlevens J. (TVM)	à 0"	4. Pantani M. (MER)	à 15'55"		
5. Hincapie G. (USP)	à 0"	5. Escartin F. (KEL)	à 20'32"	Telekom	301 h 51'30"
6. McEwen R. (RAB)	à 0"	6. Casagrande F. (SAE)	à 22'47"	Meilleur grimpeur	
7. Aus L. (CSO)	à 0"	7. Riis B. (TEL)	à 26'34"		
8. Loda N. (MAG)	à 0"	8. Jimenez J. (BAN)	à 31'17"	Virenque R. (FES)	579 pts
9. Gaumont P. (COF)	à 0"	9. Dufaux L. (FES)	à 31'55"		
10. Sörensen R. (RAB)	à 0"	10. Conti R. (MER)	à 32'26"		

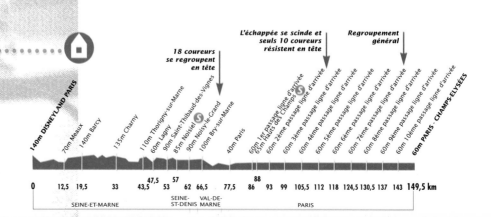

Mon fils, ce héros ! Le rou-tier-sprinter Erik Zabel, maillot vert valeureux et exemplaire, est plus qu'un papa qui a eu bien du mal se passer de son enfant pendant trois semaines. Regrette-t-il à cet instant tous les risques lors des sprints tumultueux ? Ou bien se dit-il que c'est dans l'adoration de son fils qu'il a puisé le courage de se hisser en haut des cols ? Le cœur des champions cyclistes ne bat pas qu'au rythme de leurs efforts.

Crepaldi, Scinto, Peron, Fagnini, Dekker et Ekimov ensuite, Guesdon enfin, tentèrent de se dégager, sous les ovations d'un public galvanisé, entre les Tuileries et l'Arc de triomphe. Ekimov, un possible vainqueur, fut trahi par une crevaison, tout comme Riis, le grand malchanceux du week-end, déjà handicapé par une série d'incidents mécaniques, le veille, au cours de l'étape contre la montre qu'il termina à la quatre-vingt-treizième place !

Finalement, les attaquants échouèrent. Le dernier d'entre eux, Frédéric Guesdon, qui avait trouvé l'ouverture à 2 ki-lomètres de la banderole, fut absorbé aux 400 mètres. Il était pratiquement impossible de tromper la vigilance des routiers-sprinters. Minali, bien placé dans la roue de Zabel, se révéla irrésistible, conformément à son pronostic du matin. On trouvait l'Américain Hincapie en cinquième po-sition... et Gaumont au neuvième rang. Moncassin, lui, ne finissait que douzième, complètement démotivé par un manque de réussite total. Le Toulousain qui avait raté le Tour des Flandres, Paris-Roubaix et le Championnat de France malgré une supériorité manifeste ne parvint pas davantage à gagner une étape du Tour. Nous en étions malheureux pour lui.

Virenque vers la victoire ?

Bruno Roussel poursuit une expérience passionnante au côté de Richard Virenque, dont il a suivi l'évolution et la métamorphose.

L'ancien élève de Raoul Remy s'est régulièrement amélioré, ainsi qu'en témoignent ses performances du Tour : 25e en 1992, 19e en 1993, 5e en 1994, 9e en 1995 et 3e en 1996, il occupe pour la première fois la deuxième marche du podium. Un résultat d'autant plus remarquable qu'il ajoute à ce brillant accessit une quatrième victoire consécutive dans le Grand Prix de la montagne, ainsi que le Super-Prix de la combativité Cœur de Lion. Bref, Virenque a réalisé son meilleur Tour de France, et c'est très encourageant car nous écrivions déjà la même chose l'an passé. Si l'on excepte Miguel Indurain – un cas exceptionnel et exemplaire –, rares sont les coureurs qui s'affirment selon une progression mathématique quasiment parfaite. Le champion méridional est de ceux-là. Considéré à l'origine comme un bon grimpeur, il pénètre maintenant dans le cercle restreint des vainqueurs potentiels. De plus, il est habité par une rage de vaincre qui tendait à disparaître des pelotons depuis le règne de Merckx, la rage de vaincre combinée à l'ambition : ces deux vertus nous replongent dans l'âge d'or du cyclisme français. Le leader de Festina ne doute de rien et surtout pas de lui-même. Il applique un vieux principe trop souvent oublié : une course n'est jouée que sur la ligne d'arrivée et, tant que la banderole n'est pas en vue, tout reste possible. Il attaque, il contre-attaque, il se défonce et n'est pas du genre à baisser les bras. On retrouve chez ce battant impétueux le Robic de 1947, voire le Bobet de 1948. « Il me rappelle mes jeunes années », dit Geminiani. Toutes les places de deuxième n'ont pas la même valeur. Virenque second d'Ullrich, c'est Gem second de Koblet ou Poulidor second de Jacques Anquetil et de Merckx.

Peut-il gagner le Tour ? On est tenté de répondre : tout dépendra d'Ullrich. Lui, il y croit. C'est l'essentiel.

Ullrich vers le record ?

Walter Godefroot est un directeur sportif comblé. A douze mois d'intervalle, il a mené deux coureurs différents à la victoire sur la route du Tour de France, Bjarne Riis en 1996 et Jan Ullrich cette année.

Cet événement rarissime, pour ne pas dire unique, met fin (provisoirement ?) à l'hégémonie des grands leaders incontournables et aux longues séries qui, pour être grandioses, n'en deviennent pas moins fastidieuses. L'équipe Telekom incarne un cyclisme dynamique et évolutif. Après avoir propulsé vers la plus haute marche du podium un routier d'âge mûr, Riis (32 ans), qui fut naguère un équipier modèle, elle se donne pour chef de file un espoir de 23 ans. Et, par un curieux phénomène de balancier, elle rend à sa vocation première un Riis amoindri, malchanceux de surcroît, que l'infortune a confirmé dans son rôle d'équipier de luxe.

Jan Ullrich est entré dans la peau d'un vainqueur le 20 juillet 1996 quand il a remporté l'étape contre la montre Bordeaux-Saint-Emilion en prenant près d'une minute à Indurain. Juillet 1997 prolonge ce mémorable coup d'essai, à l'issue duquel l'Allemand déclarait : « Le Tour est désormais le seul objectif de ma carrière. » Il possède deux atouts majeurs : c'est un rouleur exceptionnel ainsi qu'un excellent grimpeur. Comme Anquetil, Merckx, Hinault et Indurain. A-t-il des points faibles ? Certainement : un manque notoire de virtuosité dans les descentes et une fébrilité naturelle qui hypothèque son influx nerveux ; en revanche, sa détermination l'aide à se surpasser dans les moments difficiles. « Sous une timidité apparente, il dissimule un tempérament de fer », affirme Godefroot. Bernard Hinault estime qu'il a le record (six victoires) dans les jambes compte tenu de son âge et de son potentiel. Un pronostic que Poulidor nuance quelque peu : « On disait cela aussi de Fignon, dont la victoire, en 1984, avait été impressionnante. Mais il faut lui faire confiance. Sa marge de progression peut être considérable. »

95

AU CŒUR
DE LA FÊTE

Les marques extrasportives passent, mais la caravane reste. On se souvient du bonhomme Michelin, du savon Le Chat. Benenuts, la Maison du Café ou les AGF ont pris le relais. Cette procession commerciale fait partie intégrante du Tour. Dans son beau film *Vive le Tour*, Louis Malle filmait la caravane avec le même regard fervent que Bahamontes à l'assaut d'un col ou Anquetil filant sur le plat. Si les médias audiovisuels ont banalisé les discours publicitaires, la caravane continue d'attirer les foules à coups de haut-parleurs et de prospectus-confettis. Sur la route du Tour, les mains se tendent pour attraper les mille et un gadgets. Et c'est toujours le Tour que l'on veut toucher...

Toutes les images du Tour ne sont pas au service de l'épopée. A côté des faits saillants, des rebondissements et des coups d'éclat, il y a simplement les hommes en équilibre sur leurs machines, dans la plaine, au sommet d'un col. Au début du siècle, la « grande boucle » a été créée pour apporter la preuve qu'on pouvait parcourir la France de long en large. Il s'agissait d'une conquête contre la nature et les éléments. Chaque arrivant étant un rescapé. Aujourd'hui encore, l'objectif de la majorité des coureurs du Tour est d'arriver à Paris.

Sur cette route de montagne, on a judicieusement installé des barrières. La passion anarchique des spectateurs met chaque année davantage la sécurité des coureurs en danger. La foule se referme sur eux, grignote leur part de bitume, réduite à un passage ténu, presque un passage secret où disparaissent les champions. Le mémorable duel entre Anquetil et Poulidor sur les pentes du Puy de Dôme en 1964 ne pourrait avoir lieu aujourd'hui, faute de place !
Quant à « *Il Diablo* », il n'existe, pour lui, de barrière qu'entre le bien et le mal !
 Allemands et Danois sur le bord de la route, les barrières traditionnelles de l'Europe cycliste sont depuis longtemps renversées.

Le record de l'heure de Francesco Moser à Mexico a ouvert la voie à tous les excès. Dès lors, en dix ans, le vélo s'est davantage transformé qu'en un siècle ! Si le changement de vitesse sur les poignées de frein et les pédales automatiques représentent de justes innovations, la machine « dernier cri » utilisée par Riis pour l'ultime contre-la-montre a de quoi faire crier ! D'autant qu'il s'agit d'une forme d'injustice, car seuls deux autres coureurs (Olano et Ullrich) purent bénéficier d'un tel matériel. Il serait temps de faire marche arrière, de supprimer par exemple les nouveaux guidons qui altèrent la beauté des coureurs dans l'effort. Heureusement, leurs jambes sont toujours les mêmes, des « cannes de serin » de Virenque aux « gros jambons » d'Udo Bolts !

En 1968, Jean-Claude Killy réalisait son historique triplé aux jeux Olympiques d'hiver de Grenoble. Cette année-là, Eddy Merckx n'était pas en reste. Il remportait Paris-Roubaix et le Giro, vêtu de son beau maillot de champion du monde. Presque trente ans plus tard, les deux héros conversent tranquillement à travers la portière de leur voiture, comme deux automobilistes à un feu. Les deux hommes, qui ont longtemps rédigé la légende, désormais l'organisent.

Il existe des exploits qui passent inaperçus. Quand les champions s'expliquent à l'avant, cernés par un aréopage de caméras, derrière des coureurs se battent pour sauver leur peau. Magnifique Andreï Tchmil qui accepte une simple place dans « l'autobus ». Héroïque petit Mexicain Arroyo dont les forces se sont effritées dans une première semaine sur le grand braquet. Chapeau à Michael Boogerd qui n'a pas voulu abandonner avec le maillot de champion de Hollande sur les épaules. Mention spéciale à Cyril Saugrain, révélé l'année dernière par une victoire d'étape, et qui découvre l'humiliation d'être talonné par la voiture-balai. Toute notre admiration pour Chris Boardman, souffrant d'une entorse cervicale et reconverti en recordman de la dernière heure.

Bjarne Riis est arrivé sur ce Tour de France avec de grandes ambitions, et c'est son « équipier » Jan Ullrich qui les a réalisées. Le champion danois a tout enduré. Une première semaine hypernerveuse où chaque jour il a dû réexpliquer aux médias qu'il était bien le seul leader de son équipe. Nettement battu en deuxième semaine dans le test chronométrique de Saint-Etienne, il a su tout donner à Ullrich dans l'ascension de la Madeleine, à la poursuite de Virenque. Ensuite, ce fut l'hallali de la dernière semaine. Considéré un peu vite comme une « frêle passerelle » entre Indurain et Ullrich, Riis est un champion atypique, que sa force d'âme peut autoriser à créer la sensation s'il revient sur le Tour l'année prochaine...

En juillet, le drapeau français est blanc à pois rouges ! L'abandon de Luc Leblanc et la discrétion involontaire de Laurent Jalabert ont laissé la place libre à Richard Virenque. Sacré pour la quatrième fois consécutive meilleur grimpeur du Tour, montant pour la seconde fois sur le podium, le champion de Festina se rapproche de la première marche. Depuis 1992, il est toujours présent au rendez-vous, immunisé semble-t-il contre les « années blanches », preuve d'une santé exceptionnelle et d'une saine préparation physique. S'il est en train de devenir aussi populaire que Raymond Poulidor, il échappe à son mythe fataliste, pour incarner un Fanfan la Tulipe défiant les gros propriétaires du Tour, Miguel Indurain ou maintenant Jan Ullrich.

Le Tour de France de Jan Ullrich a été la chronique d'un avènement annoncé depuis ses performances de l'année dernière. Le prodige allemand a récité sa chanson de gestes. Grand vainqueur à Andorre, fils émouvant étreignant sa mère sur le podium, équipier loyal de Bjarne Riis, leader apprécié de toute son équipe, le maillot jaune nouveau est un champion au-dessus de tout soupçon. On lui prédit déjà un long règne, mais le Tour n'est pas à louer, et l'on ne réserve pas le maillot jaune comme une villa pour les vacances. Après tout, Jan Ullrich est peut-être un « météore », à la manière d'Hugo Koblet dont il possède la facilité et le coup de pédale « silencieux ». Une seule victoire laisse parfois plus de traces que plusieurs succès programmés...

CLASSEMENTS

Classement final

1. Ullrich J. (TEL) — 100 h 30'35"
2. Virenque R. (FES) — à 9'9"
3. Pantani M. (MER) — à 14'3"
4. Olano A. (BAN) — à 15'55"
5. Escartin F. (KEL) — à 20'32"
6. Casagrande F. (SAE) — à 22'47"
7. Riis B. (TEL) — à 26'34"
8. Jimenez J. (BAN) — à 31'17"
9. Dufaux L. (FES) — à 31'55"
10. Conti R. (MER) — à 32'26"
11. Zberg B. (MER) — à 35'41"
12. Camenzind O. (MAP) — à 35'52"
13. Luttenberger P. (RAB) — à 45'39"
14. Beltran M. (BAN) — à 49'34"
15. Robin J. (USP) — à 58'35"
16. Boogerd M. (RAB) — à 1 h 0'33"
17. Julich B. (COF) — à 1 h 1'10"
18. Nardello D. (MAP) — à 1 h 1'30"
19. Moreau C. (FES) — à 1 h 2'48"
20. Heulot S. (FDJ) — à 1 h 6'13"
21. Bolts U. (TEL) — à 1 h 9'2"
22. Buenahora H. (KEL) — à 1 h 13'48"
23. Roux L. (TVM) — à 1 h 17'44"
24. Podenzana M. (MER) — à 1 h 20'56"
25. Madouas L. (LOT) — à 1 h 24'58"
26. Chanteur P. (CSO) — à 1 h 25'48"
27. Blanco S. (BAN) — à 1 h 29'18"
28. Bourguignon T. (BIG) — à 1 h 29'35"
29. Casero A. (BAN) — à 1 h 35'11'
30. Elli A. (CSO) — à 1 h 37'23"
31. Brochard L. (FES) — à 1 h 39'15"
32. Simon F. (GAN) — à 1 h 40'40"
33. Rodrigues O. (BAN) — à 1 h 42'33"
34. Totschnig G. (TEL) — à 1 h 42'49"
35. Laukka J. (FES) — à 1 h 43'5"
36. Hervé P. (FES) — à 1 h 44'4"
37. P. Rodriguez J. (KEL) — à 1 h 45'52"
38. Livingston K. (COF) — à 1 h 46'23"
39. Farazijn P. (LOT) — à 1 h 47'54"
40. Vasseur C. (GAN) — à 1 h 54'2"
41. Siboni M. (MER) — à 1 h 56'5"
42. Gougot F. (CSO) — à 1 h 56'15"
43. Jalabert L. (ONC) — à 1 h 58'32"
44. Ekimov V. (USP) — à 2 h 1'23"
45. Rous D. (FES) — à 2 h 1'46"
46. Bortolami G. (FES) — à 2 h 3'35"
47. Lelli M. (SAE) — à 2 h 5'26"
48. Mengin C. (FDJ) — à 2 h 6'57"
49. Meinert-Nielsen (USP) — à 2 h 7'38"
50. Vandenbroucke F. (MAP) — à 2 h 9'34"
51. Aldag R. (TEL) — à 2 h 10'36"
52. Breukink E.(RAB) — à 2 h 13'44"
53. Guerini G. (PLT) — à 2 h 14'21"
54. Stephens N. (FES) — à 2 h 23'40"
55. De Los Angeles J. (KEL) — à 2 h 24'12"
56. Peron A. (FDJ) — à 2 h 24'48"
57. Tafi A. (MAP) — à 2 h 25'53"
58. Rebellin D. (FDJ) — à 2 h 29'54"
59. Jaskula Z. (MAP) — à 2 h 30'15"
60. Heppner J.(TEL) — à 2 h 31'12"
61. Alonso M. (BAN) — à 2 h 32'25"
62. Jonker P. (RAB) — à 2 h 33'38'
63. Garmendia A. (ONC) — à 2 h 35'30"
64. Den Bakker M. (TVM) — à 2 h 38'30"
65. Odriozola J. (BAT) — à 2 h 40'8"
66. Zabel E. (TEL) — à 2 h 41'16"
67. Sciandri M. (FDJ) — à 2 h 42'24"
68. Sörensen R. (RAB) — à 2 h 43'47"
69. Hamilton T. (USP) — à 2 h 47'51"
70. Cuesta I. (ONC) — à 2 h 50'2"
71. Benitez F. (KEL) — à 2 h 53'37"
72. Sgnaolin D. (ROS) — à 2 h 54'0"
73. Zen M. (ROS) — à 2 h 54'29"
74. Furlan G. (SAE) — à 2 h 56'21"
75. Arrieta J. (BAN) — à 2 h 57'4"
76. Arroyo M. (BIG) — à 3 h 4'5"
77. Vidal J. (KEL) — à 3 h 4'27"
78. Sierra R. (ONC) — à 3 h 4'58"
79. Andreu F. (COF) — à 3 h 5'0"
80. Pellicioli O. (MER) — à 3 h 7'9"
81. Dekker E. (RAB) — à 3 h 7'17"
82. Skibby J. (TVM) — à 3 h 7'50"
83. Rault D. (MUT) — à 3 h 9'58"
84. Henn C. (TEL) — à 3 h 10'1"
85. Mauleon J. (ONC) — à 3 h 11'0"
86. Valoti G. (PLT) — à 3 h 11'57"
87. Baranowski D. (USP) — à 3 h 12'45"
88. Gouvenou T. (BIG) — à 3 h 12'52"
89. Peeters W. (MAP) — à 3 h 13'33"
90. Van Hyfte P. (LOT) — à 3 h 18'11"
91. Artunghi M. (MER) — à 3 h 18'29"
92. Chaurreau I. (PLT) — à 3 h 20'28"
93. Kasputis A. (CSO) — à 3 h 22'1"
94. Agnolutto C. (CSO) — à 3 h 22'57"
95. Saligari M. (CSO) — à 3 h 23'36"
96. Jemison M. (USP) — à 3 h 25'21"
97. Tartaggia G. (BAT) — à 3 h 25'54"
98. Voskamp B. (TVM) — à 3 h 26'27"
99. Vogels H. (GAN) — à 3 h 26'46"
100. Traversoni M. (MER) — à 3 h 27'30"
101. Genty L. (BIG) — à 3 h 27'56"
102. Van Petegem P. (TVM) — à 3 h 29'20"
103. Fagnini G. (SAE) — à 3 h 29'34"
104. Hincapie G. (USP) — à 3 h 31'8"
105. Prétot A. (GAN) — à 3 h 32'7"
106. Vanzella F. (FDJ) — à 3 h 32'52"
107. Knaven S. (TVM) — à 3 h 34'52"
108. Cabello F. (KEL) — à 3 h 35'42"
109. O'Grady (GAN) — à 3 h 35'56"
110. Loda N. (MAG) — à 3 h 39'10"
111. Guesdon F. (FDJ) — à 3 h 41'4"
112. Cenghialta B. (BAT) — à 3 h 41'6"
113. Outschakov S. (PLT) — à 3 h 42'48"
114. Moncassin F. (GAN) — à 3 h 45'3"
115. Rinero C. (COF) — à 3 h 45'14"
116. Simoni G. (MAG) — à 3 h 45'33"
117. McEwen R. (RAB) — à 3 h 45'47"
118. Lombardi G. (TEL) — à 3 h 45'59"
119. Baffi A. (USP) — à 3 h 46'55"
120. Scinto L. (MAG) — à 3 h 48'4"
121. Garcia M. (ONC) — à 3 h 49'33"
122. Minali N. (BAT) — à 3 h 51'26"
123. Crepaldi M. (PLT) — à 3 h 51'49"
124. Aus L. (CSO) — à 3 h 52'31"
125. De Vries G. (PLT) — à 3 h 54'5"
126. Blijlevens J. (TVM) — à 3 h 54'10"
127. Desbiens L. (COF) — à 3 h 54'32"
128. Hoffman T. (TVM) — à 3 h 54'49"
129. Finco C. (MAG) — à 3 h 57'27"
130. Brasi R. (PLT) — à 4 h 2'11"
131. Deramé P. (USP) — à 4 h 4'57"
132. Tosatto M. (MAG) — à 4 h 6'5"
133. Pierobon G. (BAT) — à 4 h 6'53"
134. Poli E. (GAN) — à 4 h 11'22"
135. Jalabert N. (COF) — à 4 h 11'31"
136. Schmidt T. (ROS) — à 4 h 15'48"
137. Buschor P. (SAE) — à 4 h 17'35"
138. Cueff S. (MUT) — à 4 h 18'18"
139. Gaumont P. (COF) — à 4 h 26'9"

Classement final par équipes

1. Telekom — 301 h 51'30"
2. Mercatone Uno — à 31'56"
3. Festina — à 47'52"
4. Banesto — à 1 h 5'15"
5. Kelme — à 2 h 20'22"
6. Mapei-GB — à 2 h 28'14"
7. Rabobank — à 2 h 40'30"
8. Casino — à 4 h 6'13"
9. La Française des jeux — à 4 h 15'59"
10. US Postal — à 4 h 26'19"
11. Lotto-Mobistar — à 4 h 32'12"
12. Saeco — à 4 h 47'32"
13. BigMat-Auber 93 — à 4 h 51'32"
14. Cofidis — à 4 h 56'8"
15. TVM — à 5 h 5'29"
16. Once — à 5 h 22'48"
17. GAN — à 6 h 2'28"
18. Roslotto-ZG — à 6 h 47'21"
19. Polti — à 7 h 33'58"
20. Batik — à 8 h 40'35"
21. MG-Technogym — à 9 h 48'28"

Classement final par points

1. Zabel E. (TEL) — 350 pts
2. Moncassin F. (GAN) — 223 pts
3. Traversoni M. (MER) — 198 pts

Classement du meilleur grimpeur

1. Virenque R. (FES) — 579 pts
2. Ullrich J. (TEL) — 328 pts
3. Casagrande F. (SAE) — 309 pts

Classement des jeunes

- Ullrich J. (TEL)

Classement de la combativité

- Virenque R. (FES)

Sodexho et son engagement sur le Tour de France

« Nous sommes une société qui aime beaucoup le sport, l'effort et l'esprit d'équipe. Le Tour de France correspond tout à fait à ce que nous essayons de faire chez nous... »

C'est ainsi que Pierre Bellon, Président-Directeur Général de SODEXHO, explique l'engagement de son Groupe comme partenaire officiel du Tour de France pour la septième année consécutive.

700 collaborateurs de SODEXHO sont mobilisés dans les régions traversées par le Tour et composent à chaque étape des buffets originaux à base de spécialités et de produits régionaux. Une occasion pour SODEXHO de faire découvrir chaque jour la tradition culinaire française aux 3 500 invités, suiveurs et journalistes.

Photos TempSport

REMERCIEMENTS

Pour notre plaisir, les photographes de *L'Équipe*, Patrick Boutroux, Denys Clément, Jean-Louis Fel, Michel Deschamps et Christian Biville ont, chacun avec sa sensibilité, saisi les moments forts, drôles et dramatiques de ce 84ᵉ Tour de France.

Dans leur tâche, ils furent aidés, et nous les en remercions par :
la Société du Tour de France, Jean-Yves Gloux de la Société Héligrance ;
la brigade motocycliste de la Garde républicaine ;
François et Jacques Garcia, Bruno Ducrocq, Laurent Gueheneuf et Thierry Chastagner ;
notre laboratoire photo, sur la route : Fabrice Nicolle et Philippe Pellerin,
et sur place : Xavier, Denis, Ulysse et tous nos amis ; les archives photo du journal *L'Équipe* et en particulier François Gille,
Philippe Evain et Pascaline Cardot pour leurs connaissances approfondies du peloton ;
Peter de Jong, photographe chez Associated Press, pour la photo du groupe.

Toutes ces photos sont archivées et distribuées par Presse Sports, agence d'images du Groupe *L'Équipe* :
4, rue Rouget-de-Lisle, 92793 Issy-les-Moulineaux. Tél. : 01 40 93 80 30, fax : 01 40 93 20 29.

Réalisé par Copyright pour les Éditions Solar
Conception graphique : Desgrippes Gobé & Associates
Maquette : Jeanne Pothier
Collaboration photographique : Jean-Christophe Moreau

© Solar 1997
ISBN : 2-263-02646-0
Code éditeur : S 02646
Dépôt légal : août 1997

Imprimé en Espagne